SQ選書
17

「大志」の細道

十年前の最終講義

長浜　功
NAGAHAMA Isao

社会評論社

目次

補章　雑記帳

【筆者注】

①各章末に「関連文献・拙編著」を記載しましたが、既に絶版・品切れになっているものも含まれています。インターネット検索により古書で入手できる可能性が高く、かつ容易になっていますので、あえて掲載いたしました。

②本文中に引用させていただいた氏名は現存・物故を問わず、すべて敬称を割愛いたしました。

はしがき

本書は私が十年前に大学を定年になったとき、書斎で書き綴った「最終講義」の原稿です。と言っても私は実際には最終講義というセレモニーはやりませんでした。講義の最終日はいつもの通り自分で作った教材そして講義で使ったすべての教材を一枚のCDにして教室で配っただけです。

ただ、三十有余年の思いは忘れられません。それでこの思い出と足跡をまとめたのが本書ですが、出版に至らず机の引き出しに眠ったままでした。そして人生の締めくくりを迎えて文書の整理をしていて、この原稿だけは自分の記念に残そうと一部だけ私家版を印刷して手元に置いていました。

思い起こせば小学校から宿題も満足にしなかった不出来な悪童が、あるとき「ボーイズビーアンビシャス」という言葉を聞いて未知の空想の世界を夢見るようになって一心不乱に勉強をはじめ、この言葉を残した大学に進もうと考えたのは中学時代、そして高校時代に「都ぞ弥生」とい美しい寮歌がこの大学の学生寮「恵迪寮」と知ってから私はまっしぐらに北海道大学をめざしました。そしてなんとか入学し、そして入試より難しいと言われた恵迪寮にはいることができたのです。

そしてまがりになりにも大学の教壇に立ち、三十有余年。その経験と思い出を綴ったのが本書です。

タイトルの「大志」はもちろんクラーク博士の言葉です。クラーク博士は招かれた札幌農学校に数ヶ月しか滞在しませんでしたが、その影響は学生たちに計り知れない影響をあたえました。学生を紳士として扱い多くの優れた人材を残しました。その遺志を継いで新渡戸稲造、内村鑑三、有島武郎などと言った近代日本を築き上げた人々が札幌農学校を支え育てていったのです。

こういう偉大な足跡を知るようになるのは中学生のころでしたが、「ボーイズビーアンビシャス」という言葉を聞いて何か心が勇み立つような気持ちになりました。そして「都ぞ弥生」という歌を知ってから、いつかは北海道大学というところに行ってみたいと思いました。そしてその願いが叶えられたとき、私は希望に満ち満ちて北大の門をくぐったのでした。

そして「恵迪寮」にも入れました。「都ぞ弥生」に憧れていた少年はこの寮で「大志を抱いて」大学生活を送りました。その「大志」とはたいした深い意味はありませんでしたが、とにかく夢を失わないように過ごすことができました。その一端は本文に残してあるとおりです。「大志」と言うより「小志」だったかもしりません。

しかし、寮では人生を論じ合い、大学では学問を論じ合うことができました。恵迪寮と北海道大学は私にとって人生の教師になってくれました。

教鞭を執ってからもこの「大志」は私の座右の銘として忘れることはありませんでした。

しかし、言うは易く行うは難し、です。本書で綴った話は「大志」とはかけ離れたものでした。私が歩めたのはその大道とかけ離れた細道にすぎなかったと思います。

憧れの大学で「大志」を学び、恵迪寮で育てられた私にとっての本当の恩師は「大志」と「人の世の尊き国ぞと憧れ」を教えてくれた真の「大学」だったのです。

その意味で私が辿れたのはせいぜい「大志の細道」だったのではないかと思っています。そしてこの本はその私がよちよちとあるき続けた人生の細道の記録です。

二〇一九年七月一日

長浜　功

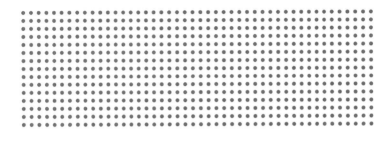

第一章　講義編

本編はいわゆる「講義録」ではありません。
むしろ講義では伝え得なかったことを列記したものです。
なかには教育と関係のない話と思われるものもありますが、
私にとっては大ありなのです。
教育は人間と文化が対象です。
そして夢と希望を語れる世界でなければなりません。

1 教育❶ 人の発見

人間にとって人との出会いは非常に重要です。極端な話、どのような人間と出会うかということで人生が変わってしまうこともあります。例えば学問の世界で私が非常に印象に残っている出会いは柳田國男と宮本常一のそれです。この出会いは正確に言えば柳田が宮本を「発見」したのです。宮本からの一本の投稿された原稿を読んで柳田は宮本の才能を発見し、彼を学問の道に導いたのです。（この話は第四章「文化と学問—4宮本常一研究」で触れています）その柳田は故郷兵庫県福崎村の裕福ない家に生まれましたが、その才能を発見した村の豪農が書斎を解放し好きなだけ書物を自由に読ませてくれたのです。

江戸末期、山口県の貧農の家で育った林利助はやんちゃが取り柄のガキ大将でした。あるときなど、村の墓を次々と倒して村八分寸前になったこともあるほど手のつけられない暴れん坊でした。このガキ大将の隠れた才能を発見した豪農の伊藤家が養子に迎えなければ我が国最初の総理大臣伊藤博文は生まれなかったでしょう。

勝海舟はやはり貧しい旗本の出身、しかし本が好きでお茶の水昌平黌で講義と剣道の時間が終わると神田の古本街に出かけ、気に入った書物を置いてある本屋で立ち読みをするのが常でした。貧乏で本を買えないから立ち読みするしかなかったのです。初めは主人はハタキで追い出そうとしましたが、海舟はめげず通い続けます。とうとう主人は諦めて椅子を出してくれるようになりました。機嫌のいいときは夕飯まで出すようになったのです。これは書店の主人による「小さな発見」といっても良いかもしれません。あるとき新潟から本好きの豪商がこの書店にやってきました。常連だったのです。相変わらず海舟は本を読み耽っています。「おい、おやじ、あの少年はいつもあの調子かね」主人は経緯を説明しました。豪商は海舟に歩み寄って「そんなに本が好きか？」海舟は頭も上げず本を読んだまま「うん」と応えました。するとこの豪商は「そんなに好きなら読みたい本全部わしが買ってやろう。どれがいい？」海舟はにこりともせず「全部だ」と答えました。豪商は「わかった、みんな持って行け」とこともなげに言ったそうです。海舟自伝の話です。これなども実にスケールの大きい発見ではありませんか。

昔の「大人」の条件は人を発見するということでした。目先の判断ではなく、この子は見所がある、という一種の眼力というか力量が問われたのです。そしてそういう大人に発見された人々が国を支え、文化を創り上げてきたのです。

しかし、そういう大人は急速に減ってきました。目先の利益と自分の保身栄達しか考えないような醜い大人が跋扈するようになりました。教育という仕事は人を発見する力量を育てるところで中途半端な知識を小賢しく身につけるところではないと思うのですが、そういう行く先や見通しが失われているのが現今の教育界だと思われてなりません。

2 教育❷ 人を残すということ

俗に「財を残すは下、書を残すは中、人を残すは上」といいます。お金を残すより、人を育てることのほうが大事だという戒めでしょう。私は人は残せませんでしたが、書だけは少し残しましたので「中」ということになるのでしょうか。

憲政の神様と言われた尾崎咢堂は戦前、軍備費ばかり増やし続ける政府と軍部を批判して次のような歌を残しました。

軍艦は二歳《ふたとせ》にして作れども人はかかるその幾倍の歳月《とし》

柳田國男が「無知の相続」という言葉を残していますが、学問の相続がなければ国は駄目になっていくという意味でした。教育の仕事の一つは、やはり人を育てる、言い換えれば人を残すということではないか、と思うのです。前に述べた人を発見するという次に大事なことが、人を残す、つまり後継者づくりだと思います。

物を残すにはそれなりに困難もあるでしょう。しかし、物には意志というものがありませんから、人間にその物を残す意図があれば比較的簡単に残すことが出来ます。しかし、人はそうはいきません。

しかも、自分のことばかり考える利己的な野心家ではなく、志の高い崇高な理念を抱く人物でなければなりませんから、非常な困難が待ちかまえています。

最近の人の流れを見ていると、老舗を継いだ二代目、三代目が悪質な製品をごまかして販売するような事件を生み出しています。これではせっかく家業を引き継いでも意味がありません。とても跡継ぎを残したとは言えないでしょう。

問題はこのような傾向が非常に強くなって来ているということです。つまり自分の保身と利益という目先しかみれないような人物が大手を振って歩き、良心にしたがって生きようとしている人間が退かされてしまうような社会になってしまっているような気がしてなりません。

それが全て教育の責任だとは勿論、思いませんが、その責任の一端は教育にもあると思います。これを短絡的に道徳とか修身と結びつけてしまうことには賛成できませんが、悪しき社会と一線を画してこども達がのびのびと育つ、理想を生きる意味の中核に据えるという環境を守る必要があるでしょう。

教育というものの成果は今日、明日実を結び開花するというものではないと思います。咢堂ではありませんが、幾倍もの時間をかけて育てていくのが教育の本道だということを常に肝に銘じておきたいものだと思います。

3 教育❸ 希望を与えるということ

アメリカから北海道大学に招聘されたクラーク博士が三ヶ月の滞在を終えて帰国するときに学生に向かって言ったとされる「少年よ、大志を抱け！」という短い言葉は有名な話です。ある人の書物に拠れば、博士はこの後に「for all christian!」と言ったとありますが、そんなことはともかく、この言葉は後に続いた若者の胸に一つの希望を与えたことは間違いありません。

かくいう私も、この言葉に憧れた一人ですし、なんとしてでもこの大学に入りたいと思って入学しましたが、キャンパス全体にこの精神が溢れていたように思います。人間にとって不可欠で最も重要な要素は希望だと思います。希望の持てない人生は失望と挫折と落胆しかもたらしません。クラーク博士の言葉は私たち学生に希望を投げかけてくれたのです。その意味でクラーク博士は優れた教育者だったと思います。

教育の目的は、未来を担うこどもたちに希望を与えることだと思うのです。人間の精神の自由、人間の魂の誇り、そして人間の尊厳。教育を語ることは人間の自由・誇り・尊厳を語ることでなければならないと思います。人間が絶えず遭遇する苦悩、心配、不安、そういったものから解き放ってくれるのが教育というものでなければなりません。

単に教科書の字面を追ったり、暗記するだけなら教育ではありません。そのような教育なら必要ありません。教育は人間に希望を与えるものでなければ存在する意味はないと思います。友だち同士、教師も含めて生きていくことの意味、その素晴らしさを語るのが教育の仕事です。

残念ながら今はこの教育の原点が全く置き去りにされ目先のテストの成績を上げるような姑息で些末な問題に囚われすぎています。学科の成績よりも人生の成績のほうが大切だという包容力のある教育観を忘れてはならないと思います。

私は中学二年のとき、ある詩に出会いました。この詩に出会うまでは私は人生というものを真面目に考えたことはありませんでした。役に立つのか立たないのか、重箱の隅をほじくってばかりいるような無味乾燥の教科書を押しつけられ、学校に行くのが苦痛でした。好きな本も読む時間がなく、ゆっくり一つのことを考える時間もなく、ただひたすら授業という苦痛から逃れたいとばかり考える生活でした。自分の将来も見えず、何の希望も持てない中学生でした。

その詩はほとんど生徒が利用していなかった図書室で見つけました。図書室と言っても普段使わない物置のような一室で電気もついていない暗い場所です。本も五十冊あるかないかでした。伝記が主で、そのなかに仲間はずれのような感じで薄っぺらな本がぽつんと棚の一角に置かれていて、なんとなく手に取ったのです。

本を開くと冒頭に「人間の尊さを守ろう」という詩が載っていたのです。

たれもかれもが力いっぱいに

のびのびと生きてゆける世の中
たれもかれもが「生まれてきてよかった」
と思えるような世の中
自分を大切にすることが
同時にひとを大切にすることになる世の中
そういう世の中を来させる仕事が
君たちの行く手にまっている
大きな大きな仕事
生きがいのある仕事 （吉野源三郎『人間の尊さを守ろう』山の木書店 一九四八年）

私はこの詩によって、自分の人生に初めて希望を持ったのです。貧乏でしたが絶対、大学へ入って「生きがいのある仕事」をするんだ、と決心させてくれたのです。この本を図書室に置いてくれた先生がだれであったか知りません。しかし、この本のおかげで片田舎で一生を終えるはずだった少年は希望に導かれて、人生を歩むことになりました。この希望を与えられなければ私の人生は全く異なったものになっただろうと思います。希望を持つことが出来るような仕事をしたい、その希望の灯を示してくれたのがこの本であり、私の受けた教育でした。

吉野源三郎は戦時下、もう大人はだめだ、次代を担うこども達に期待するしかないと山本有三とともに「少国民シリーズ」十二巻を出しています。そのうちの『心に太陽を唇に歌を』（山本有三）や『君たちはどう生きるか』（吉野源三郎）は名著として現在も読み継がれています。

4 教師と即戦力

最近「教職大学院」という新しい大学院ができたそうです。なんでも即戦力のある教師を養成するというふれこみらしいのですが、文科省の淺知恵がまた露呈したというか、相変わらずの無定見ぶりを示したというしかありません。

「直ぐ役に立つ」ということは「直ぐ役に立たない」ということと同義だと言うことをまるで分かっていないと思いますし、第一、大学や大学院は自動車免許を取得するための専門学校ではありません。学問、研究は一朝一夕にしてなるものではありません。

名工はあたふたとして作品作りをするでしょうか。長い時間をかけ、本当に自分で納得するまでの工程を手間暇惜しまずに取りかかるのです。それが本当の名工であり仕事師とも言えるのです。陶芸家は土を、ピアニストはスコアを、画家はキャンバスを相手に作品を生み出します。それらはものを言ったり、笑ったり、怒ったりしない感情を持たない無機物です。そういうものに対してすら芸術家は矜持をもち真摯にその対象と向き合います。寝食を忘れ、気の遠くなるような悠久の時間と対峙するのです。

ところが魂をもち、喜怒哀楽、一人一人がまるで異なった個性を持つこども達を相手にしようというのにたった二年間で名工以上の成果を出す教員を作るというのですから呆れてものが言えません。人間、こどもという本質を理解するのに二年で出来るというなら、それは完全なハッタリです。こどもたちにたいする背信に等しい犯罪といってもいいでしょう。

本気ですぐ役立つ教師を養成しようとするのであれば、学生に本物の学問をする機会と時間を与えることです。そして好きなだけ学問をして、その成果をこどもに向けてみようという人物を教師として迎えるようにすべきです。この間、学生は納得のいくまで勉学にいそしんで貰いましょう。ボランティアでもいいし、僧門を叩いて瞑想に耽けってもいいでしょう。世界を歩いていてこどもから学ぶ旅をしてもいい。とにかく、こども、人間を発見する学問と実践を積むことが肝心です。

そして最も、大切なこと文科省や教育委員会ではなくどのような場合でもこどもたちの方を向ける外的・内的環境をつくることです。ここそこと校長や教育委員会の顔色をうかがわなければならないような今の学校ではまともな人間は教師にはならないでしょう。

ですから今必要なことは現場がこどもの個性と能力を開花させる機能を全く果たせないようにしている文科省と教育委員会の「教育」こそが必要だと思います。それが私の「直ぐ役に立つ」改善案です。

実は、こういう考えをことある毎に関連する委員会で発言してきました。多勢《おおぜい》の先生方は「直ぐ役立つ」派で、私の蟷螂の斧は少しも役立つことなく潰えてしまいました。「直ぐ役立たない」私は大学のお荷物でしかなかったようです。

5 教育基本法再考

無責任にあっさり政権を投げ出した内閣によって成立した教育基本法、その中身たるや話にならないお粗末きわまりない代物です。細かなことを言えば際限ありませんが最大の欠陥は教育の基本となるこどもが不在だと言うことです。大して立派でもない大人達が政党間と取引きし、あまつさえ国民に議論をさせるでもなく、偉ぶった中身を一方的に押しつけた悪法中の悪法と言って憚りません。

前の教育基本法もそうでしたが、成立した教育基本法もまた近代法の基本理念としての「法は人倫に介入せず」を踏み外し、もろに国民の人倫に介入しています。例えば「教育の目的」として新法もまた「心身ともに健康な国民の育成」と言っていますが、これでは「障害者」はどうなるのでしょうか。「心身ともに健康」さを求められているのは国会議員や官僚であって、国民ではありません。国家が国民に徳を垂れるのは近代法の理念にもとるだけでなく、国家権力の濫用にさえ当たります。

また、この法律は教育の主人公としてのこどもの位置づけを全くしていません。教育基本法というからには、むしろこどもが大人達に声を大にして自分たちの権利を主張できるような規定を明確に位置づけるべきです。ところが逆に大人達がこどもを無視して勝手なご託を並べているに過ぎません。

この法律は教育の根幹を規定するものなわけですから、こどもの法的権利を明記し、教育の基本つまり主人公はこどもであって大人でもなく、議員でもなく、況や教育官僚でもないことをはっきり規定すべきだったのです。こどもたちを置き去りにした教育基本法なんぞ、何の意味も意義もありません。

千歩譲ってこの法を認めたにしても、立法者である議員と文科省は満足しているでしょうが、当事者であるこどもたちや教師たちはこの法を読んで希望や勇気が出てくるでしょうか。こどもが喜んで諳《そら》んじる事が出来る法律でしょうか。教師たちが胸をはって実践に専念できる法律でしょうか。答えは誰に聞いても明らかです。専門家の私ですら二度と読みたくない未来を感じさせない悪法です。

教育界の改革というのは極端な話が、当事者であるこどもや教師が毎日学校へ行くのが楽しみで仕方ないとか、朝起きるのが待ちきれないという快適な環境を大人や行政が作ることであって、こどもや教師を管理・監督するということではないのです。発想自体が貧困です。貧困な発想からは未来を切り開く教育は絶対に生まれません。

ですから無着成恭が教室に掲げた「六つの約束」のような教師もこどもも元気がでるような教育基本法でなければならないのです。それは次のような簡潔なものでした。

いつも力を合わせて行こう。
かげでこそこそしないで行こう。
いいことを進んで実行しよう。

働くことがいちばんすきになろう。
なんでも、なぜ？　と考える人になろう。
いつでも、もっといい方法がないか、探そう。

人倫を踏みにじり、こどもを押さえつけ、教師の自由を奪う今般の教育基本法は一日も早く廃案にし、こどもたちによる審議会を作り、こどもたちに草案を作成して貰いこどもたちの全国投票で決まってこそ、真の教育基本法の誕生といえるでしょう。偽善者の集団と組織による教育観を葬り去るにはこの方法しかありません。

そこで私は新しい教育基本法として次のような骨格を考えてみました。草案と言っても骨格ですが、これをヒントとしてこどもを中心として国民的な議論を積み重ねて作り上げていって欲しいと思います。

一、教育はこどものためのものでなければなりません。教育の主人公はこどもであって大人ではありません。
一、こどもには自分たちが受ける教育の権利（教育主権）のあることを明確にします。
一、こどもの学ぶ権利はこども自身の固有の権利（学習権）であり、大人によって管理、統制、支配することを認めません。

一、これらの実現のために大人はその支援を惜しんではなりません。このため、こどもの期待に最大応じられる支援体制を整備しなければなりません。

一、こどもの学習には最良の教材を用意し、最良の教師や講師を手当しなければなりません。

一、特に教師は知識や指導よりこどもの心の叫びに耳を傾ける教養ある人材を重んじる必要があります。

一、学校は学びの場ですが、こどもの笑い声が絶えない楽しい場でなければなりません。学ぶことが楽しいことという考えを大人はこどもに具体的支援で応えなければなりません。

一、学校は「楽校」でなければなりません。なぜなら真の学びは楽しいからです。強いて勤めさせる勉強や苦行とは無縁です。

法律用語が文語体というのは時代錯誤もいいとこ、とくにこどもに関するものは日常的に使用する口語体にすべきでしょう。教育基本法というのなら、主役はこどもであって大人でないことを前提として構想されなければならないと思います。

6　こどもにこそ本物を

ＮＨＫという放送局の企画番組にもいいのがありますが、おしなべてわざわざ制作する必要のない内容のお粗末なものが多いという印象を持っています。しかし、ある番組は面白いと思いました。番組の名は覚えていませんが、その道の達人を教師として来て貰いその達人の技を学ぶという企画です。実は私は以前からこどもには一流のもの、本物を与えるべきだと考えていましたので、この番組はお遊びとしてではなく、教育の本質を衝いていると感心したのです。

私は教員養成大学にいて小学校の教師こそ専科の免許が必要だと、ことある毎に主張しましたが誰一人賛同してくれる先生はいませんでした。相手がこどもだから一人の先生が全教科教えるのが当然だというのです。しかし、私はその考えは間違っていると思います。こどもだからこそ知識や技能、情操あらゆる面で本物、一流のものを与えるべきだと思うのです。一人の先生がピアノも弾く、水泳もやる、理科の実験もやるというのは無茶な話であるばかりか、その考え方の根底にはこどもにはいい加減なものを与えておけばいいという、それこそいい加減な発想があると思うのです。せめて理科の実験には腕のいい、科学的知識豊富な先生を当てるべきですし、鉄棒の指導にはそれが得意な先生を当てるべきなのです。

人生の中で最も成長の早いこどもは知識の吸収力は最大になっています。この時期、こどもの感性は鋭敏になり、学習力も旺盛になります。こういう時に大人の側からの一言の示唆やアドバイスがあればその才能が一気に開花する可能性が高まります。ですから先天的な才能や懸命の努力で一流の実力を勝ち取った達人の言動はこどもにとって最大の教科書になるのです。

すべての授業を教師の免許を持った先生に担当させるだけではなく、非常勤の臨時講師にも来て貰います。美術の時間は日本画、油絵など一流の芸術家を招聘したり、国語の時間は作家、音楽ではピアニスト、体操ではオリンピックに出場した選手などその道の達人にきてもらうのです。絵や彫刻もレプリカではなく本物を用意するのです。大人になってしまっては眼力が鈍って役に立ちません。CDでバイオリンの音に触れるのと、たった一人の音楽家によるバイオリンの音に触れるのとでは全く感性がことなってしまうのです。

教科だけではありません。教科以外にこどもたちが興味をもつものも積極的に取り入れるのです。アサガオの育て方とか将棋の指し方、話し方はプロのアナウンサーというように、とにかく本物と出来るだけ多く触れる機会を作るのです。給食というと不味いものの代名詞になっていますが、こどもにこそ味覚の鋭い時期に一流の味を教えるべきなのです。食器もプラスチックではなくしっかりした陶器を、食材も毎回とはいいませんが旬のものを旬に、地元の食材を活かした料理を供する必要があります。

こうした方法によってこどもたちの心と体は急速に発達します。講師のひとことがこどもの心に火を灯してくれるでしょう。いや、なによりも本物に出会って輝き出すこどもたちをみて教師もまた本物になっていくに違いありません。

7 国際化と日本語

最近は大学も国際化の流れに応じて変化を余儀なくされています。研究室の廊下を歩いていても人種の違う留学生とよくすれ違います。研究室から英語の会話が飛び交っているのが聞こえます。大学院では英語で講義をする先生も出てくるようになりました。大学院の入試では問題そのものを英語で出すべきだと主張する先生方も現れるようになっています。

しかし、国際化ということをはき違えて捉えているのではないかと思わされることがあります。例えば博士課程の会議の話題になったことがありますが、ある先生は講義は原則として英語にすべきだ、と発言したのです。さすがに、それでは日本に留学する意味がないという反対意見が出て終わりましたが、こういう考えは今後増えてくると思います。

というのも今年の春頃に総務省の課長が国際化に対応して英語を公用語にすべきだと記者会見で話したというニュースが伝わったことがありますから、こうした流れは加速される傾向にあるでしょう。

しかし、言語はその民族の存続に関わる性格のものです。歴史を振り返っても民族から言語を奪おうとして戦争になった例は枚挙に遑《いとま》がありません。言語は民族の文化の源泉です。

それでなくとも日本語は瀕死の状態にあります。国際化の名の下にどんどん外来語が垂れ流されて日本語が次第に隅に追いやられています。その最たるものがパソコンに代表されるコンピューター用語です。それでも発祥が英語圏ですから仕方ないといえばそうかも知れませんが、一度は日本語に置き換える努力をすべきです。新刊の雑誌のタイトルはほとんど横文字です。安易に過ぎます。

この点、明治政府の役人は偉かったと思います。文明開化の流れに抗して役人は押し寄せる外来語をことごとく日本語に置き換える努力を払いました。エレベーター↓昇降機、テレホン↓電話、トレイン↓機関車、ロード↓道路、などという置き換えには当時のお役人の努力と知恵が感じられます。この時代、総務省のくだんの課長のような人物が居座っていたなら、日本語は消滅していたでしょう。多民族からなるフィリピンが英語を公用語にしてからこの国は伝統や文化を失っています。

作家の志賀直哉は「小説の神様」と呼ばれているようですが、とんでもない話です。彼は日本が連合軍に占領された時代に日本語を廃止して公用語をフランス語にしてはどうかという発言をした無責任な人物です。しかも彼はフランス語が全然出来ないのです。その彼が「フランスは文化の進んだ国であり、小説を読んで見ても日本人と通ずるものがあると想われるし、フランスの詩には和歌俳句等の境地と共通するものがあると云われているし、文人たちによって整理された言葉だともいうし、そういう意味で、フランス語が一番よさそうな気がするのである。」(「国語問題」『改造』一九四六年四月号)そんないい加減な人間が「神様」なのですから呆れてものがいえません。

いま、母国語を必死で守ろうとしているのは中国です。彼らは外来語を中国語に置換する努力を必死で続けています。現在は中国から学ぶべきものはあまりありませんが、この点だけは見習う価値があると思います。例えばコンピュータ関連の「翻訳」ぶりは次のような具合です。

コンピューター→電脳、ダウンロード→下載、ログイン→登录、ソフトウエア→軟件、アニメ→動画漫、パスワード→密碼、インストール→安装、ハッカー→黒客、ホームページ→主頁、ストリーミング→播放、日本語版→日文

このように外来語は一度は必ず日本語に翻訳して使用するという法律を作って日本語を守るべきだと思うのです。特に官庁語は百パーセント日本語とする必要があります。一度、翻訳した日本語が定着しない場合に限り、外来語そのものを認めれば良いと思います。

ようやく国語審議会あたりが動き出し外来語の日本語化に乗り出しました。遅きに失するとはこのことでしょう。それにしても官庁が率先して「ハザードマップ」だの「インフォームドコンセント」舌をかみそうな外来語を平気で使っているのは日本文化を冒涜するものだとしか考えられません。

8　壊れゆく漢字文化

テレビのニュースを見ていて、おや！　と思うことがあります。それはテロップの文字です。「きゅう舎が全焼し」とか「しんしに反省し」という表記がされていて、わけが分からなくなる場面にしばしば出会うのです。多分、皆さんもこういう経験をされたことがおありかと思います。「厩舎」とか「真

摯」と出ればすぐその意味が分かりますが、このような表記では「旧舎」かもしれないし「紳士」かもしれません。このような妙な日本語がテレビから洪水のように流されているのです。

我が国の漢字使用の権限については「常用漢字」は文科省、「ＪＩＳ漢字」は総務省、「人名漢字」は法務省と縦割りになっています。国語行政がバラバラというのは国の恥さらしもいいとこで、これこそが大問題ですがそれぞれの表記基準に一貫性がないのはもっと問題です。

日本新聞協会は独自の基準を作ったりしていますがテレビ界は自主性も主体性もなくバラバラ漢字基準をそのまま遵守しているために冒頭のような表記を国民の前にみっともない表記を垂れ流しているのです。一体、この国の見識というか文化はどうなっているのでしょうか。

具体的にお話しましょう。先ず、次の漢字は法的に使えないことになっています。（一部だけにします）

琥珀、慟哭、怒濤、鬱蒼、荼毘、胡座、伽藍、燈籠、襖、厠、慇懃、憧憬、庵、硯、焙煎、椎茸、菖蒲、簾、郭、鳳凰、涅槃、桔梗、薔薇、蟷螂、麒麟、崖、嶺、茜、袴、葦、徘徊、慚愧、穿鑿、跋扈、掟、兜、筍、楓、橘、鮎、鰊、鮭、鱒、雀、蛙、鶯、燕、侘

日本人が「胡座」や「厠」「憧憬」を使えないというのではもう文芸はなりたたなくなるでしょう。花の名前も、魚類に至ってはほとんど使用できません。漁猟民族の名折れです。日本の官僚とその基準を答申する関連審議会の御用学者の顔と名前と住所を公表すべきです。そうすれば少しは真面目に

議論するようになるでしょう。

次がいわゆる「交ぜ書き」として使うように指示（実際は「命令」です）されたもので、引用の関係上、二文字漢字の最初の文字が使用禁止です。（もちろん、これも一部です）

煽動、濡場、遁走、穿孔、閃光、嚆矢、膠着、冥土、黎明、亢進、隘路、隕石、拮抗、喧噪、紐帯、釉薬、烙印、氾濫、墨痕、愕然、醤油、饅頭、勃発、梱包、遡上、牡丹

大体「けい古不足」とか「成功の秘けつ」「水泳中のでき死」などと書き現さなければならない基準とはなんでしょうか。全く無意味としかいいようがありません。もっと驚くというか、呆れるのは「人名漢字」です。かいつまんで言いますと一九五一（昭和二六）年内閣が九十二の「人名用漢字」を発表、あまりにも少ないという批判がずうっと続いていたが二〇〇四年にようやく二九〇の漢字が追加され結局九八三の人名漢字が生まれました。しかし、驚くようなことが起こっていました。それは正式に人名漢字が決定される前に出された中間発表です。これには信じられない漢字が組み込まれていたのです。（全部で八八文字ありますが、これはその一部です）

仇、剃、剥、叩、吊、呪、嘘、噛、妬、姦、妾、尻、屍、弄、怨、怯、悶、斬、溺、潰、牢、牝、狽、痔、瘍、癌、禿、糞、脆、膿、萎、蔑、蕩、蝕、賄、賭、贋、餌、骸

一体、人名にこのような文字は必要でしょうか。国民を舐めきった感覚としか言いようがありません。人権に人一倍敏感でなければならない法務省がこのざまです。

役人やそれに追従する御用学者はいつの世にも蔓延《はびこり》ますから仕方ありませんが、このような漢字文化の退廃に最も敏感でなければならない我が国の作家たちは何をしているのでしょうか。誰一人抗議や批判の口火を切った作家はいないのです。ノーベル賞や直木賞を貰って浮かれるのも結構ですが、そんな上辺のことよりも日本の文化を守ってこその文芸活動でしょう。ベストセラーの恩恵をかれらは文化を守ることで恩返しをすべきなのではないでしょうか。

それはともかく、漢字に関する制限は撤廃すべきです。現在はワープロによって漢字転換が容易ですし、難しい漢字にはルビを振れば済むことです。私は学校で習った漢字ではなく新聞に振ってあったルビで覚えたほうが早かったくらいです。

「こはく色」はやはり「琥珀色」でないとだめです。「どうこく」といってもすぐ意味がわかる人はあまりいないでしょうが「慟哭」とすれば字は書けなくとも意味はちゃんと通じます。「しょうけい」ではまったく意味を思い出せませんが「憧憬」であれば誰でも理解します。理解できないのは石頭の役人とそれに迎合する御用学者です。

9 インターネットと生涯学習

それにしてもインターネットの普及は目を見張るばかりです。特にここ数年の光ファイバーと高速通信を可能にしたＤＳＬの発達で情報量は膨大なものとなりました。インターネットはあらゆるといっていいほどの情報があっという間に世界中を駆けめぐります。今までは私たちは知りたいという情報を新聞・テレビ・雑誌など自分で選んで有料で手に入れていました。ところがインターネットは無料で（接続料はかかりますが）パソコンから知りたい情報が間髪を入れずに入手できます。この変化は劇的とも言えるもので情報という名の乗客を乗せた黒船の来港に匹敵する「事件」だといって良いと思います。私たちがこれまで経験しなかったこういう「事件」の場合は右往左往するのではなく、冷静に対応策を講じることが大切です。

インターネットの普及で学習のスタイルが一変しています。これからの生涯学習は従来の公民館を中心とした学習方式は切り替えを余儀なくされるでしょう。ただ、最近は私は社会教育から引退状態で現場の状況は把握していませんが、その対応が不十分なことは旧態依然の公民館の講座主義が相変わらず続いていることからも伺われます。老婆心ながら、このままでは市民から見向きもされなくなり存在価値が問われる事態になるでしょう。

私個人の経験からいっても研究スタイルがすっかり変わってしまいました。最近の例で言えば、北大路魯山人という傑出した万能の芸術家の研究に取りかかったときの話です。

先ず、魯山人に関する文献・資料を収集することから始まります。これまでは国会図書館に出かけたり神田の古本街をあるいて探索したものです。しかし、インターネットを使えば古本屋の全国ネットワークであっというまに必要な文献と資料は一日で結果がでます。そして一週間もしないうちに手元に集まります。この収集作業だけでも以前は最低でも二、三年かかりました。柳田國男研究の際は十年以上かかっています。

ただ、文献実証の場合は資料の読破、メモ、分析の時間があればすぐ執筆にかかれますが、魯山人の場合は現地調査と証言を集めるための取材が必要でしたのでこれに一年かけましたが、都合二年で一冊をまとめることが出来ました。ですから中身はともかく研究時間は大幅に短縮できました。

このようにインターネットは利点もありますが、負の面もあります。いや、むしろこの負の面をどうやって防ぎ、克服するかということの方が重要になってきます。インターネットを正しく使いこなすには次の点を留意する必要があります。

第一に使用する目的を明確にしておく、ということです。何の目的もなしにインターネットを開くと無用、不用、危険な情報が流入してしまう可能性があるからです。ウイルスはその最たるものです。

第二に必要な情報以外のウエブ、もしくはページを開かないことです。漫然と不用意にそれらにアクセスした場合、思いがけない出来事に巻き込まれてしまう危険性があります。最近はメールなどでも表題に「ご意見をお聞かせください」とか「クイズに当選されました」というような相手を巧妙に誘導する、いわゆるフィッシングが増えているので心当たりのない誘導には引っかからないように注意する必要があります。

第三に自分でホームページを開設する場合に、面識のない多数の人々と「付き合い」をしなければならないということを覚悟の上で開設することが肝心です。面識のない不特定多数をあいてにするということは危険に対する防御なしで情報社会というジャングルに飛び込むようなものです。好奇心もあるでしょうが安易な開設には賛成できません。人間関係は基本的に顔見知りの範囲が基本です。文字だけで血の通う人間的な付き合いができるわけがありません。

インターネットのもう一つの特性にホームページやブログという個人情報の発信や他ウェブへの情報の書き込みがあります。これはこどもや大人、職業や社会的地位とは一切関係なく平等な扱いをされます。大臣や俳優、プロスポーツ選手などに対して平等に「会話」ができます。意見を述べたり批判することも自由です。ときにその意見が物議をかもしたり、社会現象になることもあります。そのことによって発信者は自己満足を味わうことができます。しかし、それは一時的な現象であって、本質的に発信者の実像は国民の中の一人だと言うことを忘れて自信過剰になったり自惚れて墓穴を掘らないようにすることです。インターネットによる発信者の情報は所詮電波によって消え去る運命にあります。私たちの人生の重みには絶え得るものではないということをわすれて加重視してはならないと思います。

ともかく人類が経験しなかったインターネットという新しい情報網は人間関係の再構築が迫られて

いるといって良いでしょう。その行く末がどうなるのかはインターネットを使う人々の情報選択とその適切な利用によって決定されてゆくことになるのでしょう。

インターネットによる生涯学習が今後どのように展開されてゆくのか定かではありませんが、少なくとも旧態依然とした公民館型学習は無用になっていくことは間違いありません。そして過度的な措置として障害者や高齢者の「デジタルデバイド」(「情報格差」)を解消する事業とプログラムの開発が焦眉の課題として早急な取り組みが求められていると思います。

10 微少の法則

「些細なことで喧嘩」とか「つまらぬことで諍いに」というように私たちの日常生活のなかで取るに足らないようなことが「事件」に発展することがしばしばあります。こんな事件もありました。信号待ちをしていた前の乗用車が青になっても動かないのでクラクションを鳴らしたところ前の車の運転手が降りてきて「うるさい」と言って後ろの運転手をナイフで刺して殺してしまった、というのです。運転手は信号待ちで二秒をかなり長い時間と感じるというデータがあります。しかし、二秒では食事の際の箸の上げ下ろしにも満たない時間です。まして長い人生から見たらほとんど意味を持たない時間です。

「たかが」二秒のために殺人、と人は驚きますが、実は「されど」二秒なのです。私のような運動神経の鈍い人間には百メートルを一秒の十分の一単位で競うこと自体が意味のないことだと思いますが走者にとっては選手生命に関わる重大事です。四十数キロを秒単位で走るマラソンも同様です。ランナーにとってはこの気の遠くなる距離を数秒差で勝つために血のにじむような過酷な練習をしています。私にとってただ「御苦労様」としか言えないような世界でもランナーにとっては命がけのタイムなのです。

運動だけではありません。芸術の世界でも数秒の差が評価の分かれ目になることもあるのです。たとえばオーケストラの演奏です。ベートーベンの交響曲「田園」の演奏時間は指揮者によって微妙に異なっています。

1　カラヤン　三十四分十九秒
2　トスカニーニ　四十分三十五秒
3　ワルター　四十分十三秒
4　ミュンシュ　三十六分五十八秒
5　ネビルマリナー　四十四分五十秒

同じベートーベンそして同じスコアでも、演奏者によってこれだけの差があるのです。この時間差は裏返せば指揮者の音楽感覚を示すものだといってよいでしょう。颯爽とした指揮ぶりで日本人に人気のあるカラヤンが最短で、リハーサルで指揮棒を二本も三本も折るという癇癪持ちのトスカニーニが四番目というのは意外でした。映画『アマデウス』の音楽監督をしたネビルマリナーが他の指揮者をはるかに引き離してゆったりとした「田園」に仕上げているのが印象的です。スポーツの世界と違いますからさすが秒単位ではなく分単位の差となりますが、これも大差というわけではなく僅差というべきでしょう。この僅差がそのまま演奏の違いとなって現れてくるわけです。

また「小さな親切」という表現がありますが、小さい親切だからこそ、人に感動と喜びを与えるという事があります。疲れて帰宅した夕飯の一本のお銚子がついていると嬉しいものです。エレベータに乗るとき「お先に」と言われると心が和みます。混み合った電車で座席を譲られるとその日一日が快く過ごせます。人間はこうした些細なことに敏感に反応します。

料理も同じです。塩分がほんの少し違っただけで味がまるで変わります。刺身は包丁の刃先の入れ方で美味しくなったり不味くなったりします。この味覚の差はほんの一寸した差でしかありません。絵画はもっと微細な差が作品の善し悪しを決定します。贋作がなかなか見抜けないのは本物との差がほとんどないからです。

ことほどさように私たちの感覚は微少なものほど敏感に作用します。誕生日にルイビトンのバッグを貰うより、記念日に大げさな行事をされるよりも日常の何気ない親切と愛情の方が人間には大きな喜びとなります。すなわち、これ私が「微少の法則」と称する所以です。

よく学校で生徒が問題を起こすと校長先生がでてきて「おとなしい子で自殺するような気配は全く

なかった」と釈明していますが、兆候がないわけは絶対にありません。微少なサインは必ずどこかでなんらかの形で出していたはずです。その微少なサインに気づくことも教師の仕事の大事な一つだというべきなのです。

11 水と環境

よく日本には資源がない、等と言われますがとんでもない話だと思います。日本の人材と水、これ以上に価値のある資源はありません。しかし、約二十年前、講義のなかで日本で一番大切な資源は人材の次に水だ、そのうち水をビンか缶で買って飲む時代が来る、といったところ学生から失笑を買ったものでした。

当時はまだ環境問題は一部の間でしか問題になっていなかったせいもありますが、現在だって地球温暖化などと騒いでいる割には不急無用のイルミネーションとか四畳半からはみ出る馬鹿でかいプラズマテレビに浮かれていますから、環境問題に関する意識は変わっていないと思います。

とりわけ水に関しては驚くほど無関心というか無知です。水が生命の源であると言うことを知らない人間はいないのに、その割に水のありがたさに気づくのは天候による水不足のときだけです。それ以外の時の意識は「湯水のごとく使う」という感覚が強く働くのです。

日本中を自らの足で「ベタベタ歩いた」(渋沢敬三)宮本常一という民俗学者は日本人は環境問題に

関する意識が低いと指摘しています。例えば誰もが疑問を持たずに「一石二鳥」という言葉を平気で使っています。鳥をみたら石を投げつけるという乱暴な表現を罪の意識を持たずに使う感覚では環境問題は遠い世界です。ちゃんと「一挙両得」という立派な言葉があるのに、こちらの表現を私は聞いたことがありません。

私の故郷の近くに羊蹄山という名峰から生まれ出る湧き水が何百年も前から流れ出ています。日本の名水百選に選ばれましたが、その水は一部の観光客がペットボトルに入れて行く他は付近の河川に注ぎやがてそのまま海に消えて行きます。この湧き水は専門家の話ですと羊蹄山に積もった百年以前の雪が溶けて流れてくるのだそうです。世界にはこの水をコップ一杯でも飲めないこどもたちが沢山いるのです。本当に「人類みな兄弟」ならこの散水を指をくわえてみているだけでいいのでしょうか。

我が国には平均して一年間で六七〇〇億トンの雨が降ります。これは世界平均降雨量の約二倍です。このうち湛水されるのが一割であとは海水になってしまうのです。特に道路の舗装化で地下に入る水量は激減しています。少なくとも公共施設では雨水の蓄えを積極的に進めるべきです。地球気候の変化によりモンスーンがなくなれば生命の源の雨水がこれまでのように降ってくる可能性はなくなることでしょう。

そして我が国で湛水のもっとも大きな役割を果たしてきたのが水田でした。ところが農林省では減反政策と称して水田をどんどん潰していきました。自給食料は国土の条件によって異なります。石油のない日本の食料自給はまずお米でなければならないのに米の代わりにパンを食えという国策のために湛水は無視されているのが実態です。

これから始まる世界大戦があるとすれば、それは水の取り合いから始まる、と私は思っています。それほど水は大切な資源なのです。石油や原子力以上に重要な存在なのです。

国家的課題として今すぐにでも対策を講じないと、それこそ資源のない日本は真っ先に滅亡してしまうでしょう。

水資源を守り一木一草を育てることが環境問題の第一歩です。官公庁や公共施設が湛水装置を必備し、緑の自然を保護し人間と共生する環境を考えなければならないのです。

12 芸術と人生

「教育は芸術だ」と考え出してからまだ日も浅く、芸術という世界の入り口でまだ彷徨《さまよ》っている段階ですが、一つだけ分かってきたことがあります。それは私たち一人一人の人生そのものが芸術だということです。「事実は小説より奇なり」といいますが、そのことがまさに人生の芸術性を示しています。小説も広い意味では立派な芸術ですが、一人の人間の生き方を超える存在ではありません。人生という事実そのものこそ厳然たる芸術というべきではないでしょうか。

正直なところ私にはまだ芸術というものが分かっていません。しかし、芸術というものは一種の「悟り」みたいな空間があり、その空間は無窮といってもいいでしょう。ですから芸術が分かるということ自体が無理なのではないかと思うのです。分かっている と思っている人ほど芸術というものを理解していないのではないかと思うのです。芸術というものはそう簡単に分かるものではないと思うのです。

ただ、音楽にしても書画にしても、良いか悪いかは誰にでも判断がつきます。それは中身ではなく好きか嫌いかという判断によるからです。好き嫌いの判断は修行や研鑽を必要としないので、直感で出来るからです。良い悪い、好き嫌いという両軸だけで判断できないのが芸術という世界だと思うのです。縦軸横軸という平面ではなく三次元あるいは四次元の世界にまで広がる空間を芸術は含んでいるのでしょう。ですから私たちに分かるのは精々三次元までで、その奥深い向こうの次元にまで広がっている四次元の芸術を理解することは至難なのでしょう。

しかし、私たち自身の生活人生は最も身近にある自己表現の活動です。これまで芸術といえば天才的な才能を持った人間にだけ許される表現活動だといわれてきました。そう教えられもし、疑うことなくそれが事実だと思ってきました。しかし、少し調べてみると、そういうことを言いふらしてきたのはなんと芸術の近くにいた専門家なのです。評論家、批評家、鑑定家といった人種です。彼らがしてきたことと言えば自分の好き嫌いを一方的に素人に押しつけて来ただけでした。その証拠に、きちんと調べたわけではありませんが、彼らが酷評したり、讃美した芸術家の多くは後世、その評価がほとんど逆転していることをみれば分かると思います。

ということは芸術の本当の理解者は専門家ではなく素人、つまり民衆だったということです。モーツアルトは生きている間、批評家から蔑まされつづけました。宮廷音楽家サリエリが飛ぶ鳥落とす勢いで活躍していました。いま彼の名どころか曲を知っている人々はほとんどいません。歴史の時間の流れでモーツアルトは民衆の支持を勝ち得たのです。

言い換えれば芸術を真に理解するのは専門家ではなく民衆だということです。なぜなら彼ら自身が自分自身の人生を創り上げてきた真の芸術家だったからです。そして彼らの芸術を理解できるのも彼ら自身に他なりません。芸術という人生の評価は評論家でもなく批評家でもありません。民衆自身がこれを厳しく評価していくのです。

13 己の思想

『世紀の遺書』という本を後に紹介しますが、かけがえのない重要な歴史的価値のある遺書でしたが、とりわけ私にとって忘れられない衝撃的な一節があったのです。太平洋戦争のＢＣ級戦犯として裁かれシンガポールの法廷で絞首刑を宣告され処刑七時間前にしたためられた二六歳の遺書です。

あわただしい一生だった。二六年間ほとんど夢の間に過ぎた。石火光中とはよくもいい表したものだ。この短い一生の間自分は何をしていたか全く自分を忘れていた、猿真似と虚妄、何故もう少しく生きなかったか。たとえ、愚かでも不幸でも自分のものといった生活をしていたらよかったものを。知識がなんだ、思想がなんだ、少なくとも自分のそれは殆ど他人からの借り物だった。しかもそれを自分のものとばかり思っていたとは何と哀れなる哉。

友よ、弟よ、己の知恵で己の思想を持たれよ。今、自分は自分の死を前にして自分のものの殆どないのに呆れている。（現代表記に変換）

この遺書は処刑寸前に看守の目を盗んでその辺のありあわせの紙に急いで書かれたものです。そして看守に見つからないように金網の外に放り投げられました。心ある現地の人が拾い巣鴨刑務所に届けられたものです。

そしてこれを書いた戦犯は平原守矩という名前ですが日本人ではありません。戦前、日本は朝鮮を占領していた時代に「創氏改名」を強行し朝鮮人名を日本名に変えさせたのです。そして日本人として男子は徴兵され戦地に出されたのです。本名は「趙文相」で通訳として従軍、敗戦にともなって戦犯となり処刑されました。韓国は祖先から頂いている姓を大事にする国です。その彼らから姓を奪い、生命まで奪われたのです。その無念さはいかばかりであったことでしょうか。

この遺書は日本語で書かれ日本名になっていましたから現地の人は何の疑いもなく日本に送ってくれたのだと思います。長年の朝鮮に対する「皇民化」教育で趙文相は日本語を話すことも書くことにも堪能だったのです。そしておそらく趙文相は自分のこの遺書が人手から人手にわたり日本に無事送られることを期待していなかったのではないでしょうか。しかし、彼は死んでも死にきれない思いをしたためざるをえなかったのだと思います。

「友よ、弟よ」は血を吐くような思いで私たち後世の人間に送ってくれた魂の叫びでした。そして「己の知恵で己の思想」を持つことを勧めています。趙文相の死を以て遺してくれた言葉を私はいつも思い出しながら仕事をしてきました。「借り物」ではない、自分の言葉と思想を持つためにささやかな努力をしてきたつもりです。この後は若いみなさんがこの言葉を引き継いでくれることを願っています。

14 大学というところ

私が中学生の頃、大学に抱いていたのは一種の「憧れ」でした。吉野源三郎の『君たちはどう生きるか』とか下村湖人の『次郎物語』を読んで、人生とか哲学というものへの目覚めがあったのかも知れません。また、学問の大切さというものもこれらの書物は田舎の狭い社会しか知らなかった少年に教えてくれたのです。

大学へ行けば好きな勉強が出来る、と思いこんで無味乾燥な受験勉強をしてなんとか合格出来ました。私が入学した当時の大学は最初の二年間は教養課程で専門は三年次からとなっていました。ところが教養課程は自然科学、社会科学、体育学まで知識の百貨店です。私は数学、化学や物理が入試でも0点というくらいに理数系は苦手だったので、これらの科目の試験にはほとほと困りました。大学は好きな学問が出来ると思っていたのに、と一時は嘆いたものです。一通り何でも教えればいいという理念のない教養課程だったと思います。

しかし、少し前まで鮭が遡上していたという小川や樹齢数百年というエルムの森、各学部に冬の暖房用石炭を運ぶＳＬのレール、まだ昔の面影を残していたポプラ並木、歴史を誇る恵迪《けいてき》寮などの自然環境は、その中にいるだけで心が広くなりました。恵廸寮は私も世話になりましたが、なかでも寮歌「都ぞ弥生」は有島武郎が作詩した校歌「永久の幸」より有名です。全部で五番まであり、歌い終わるのに一五分もかかります。寮生が一堂に会して行うコンパなどで斉唱するのですがご馳走を前にしての一五分は一寸した「修行」です。その第二節が私は好きでバイトの帰りのキャンパスの夜道、エルムの森を歩きながらよく高吟したものです。

豊かに稔れる石狩の野に
　雁《かりがね》 遙々《はるばる》沈みてゆけば
羊群声なく牧舎に帰り
手稲の 嶺《いただき》 黄昏こめぬ
雄々しく聳える楡の梢
打振る野分に破壊《はえ》の葉音の
さやめく 甍《いらか》 に久遠の光

おごそかに　北極星を仰ぐかな（横山芳介　明治四五年度作詩）

最近になって民俗学者の宮本常一とその恩師である渋沢敬三が旅に出ると山野を逍遥しながらこの一節を吟じていたことを知って嬉しくなりました。

また寮生活も私の自己形成に有形無形の影響を与えてくれました。教養課程の二年は恵迪寮で、一部屋十坪に五人が入り全部で六十室。各部屋は何らかの課題やテーマを持たなければなりません。唯物論研究会だとか鉄道研究室、児童文学会などと全部で六十の課題やテーマを掲げ年に一回の寮祭で発表をすると言うことになっていました。

入寮仕立ての頃、一番弱ったのは睡眠不足でした。なにしろいきのいい若者が三百人もいて朝から晩まで、いや明け方まで静かになることはありません。部屋にはひっきりなしに人が出入りして、寝るどころではありません。これに堪えられず退寮する者も少なくありませんでした。しかし、ここを出ていくことは学費のやり繰りがつかず退学を意味した私は耐えるしかありませんでした。なにしろ週刊誌が三十円の時代、一日の三食の費用が百円（朝食はご飯と具の見えない味噌汁、昼はタクアンとおにぎり二個、夕食はキャベツの千切りがドサッとついたサンマ半匹）でした。

もう一つの悩みは各部屋がコンパの後に行う「ストーム」でした。各部屋でコンパがおわるのが大体午前0時頃です。その時間から「醒めよ、迷いの夢醒めよ」と歌いながら、ある寮歌を歌いながら全ての部屋を回るのです。ヤカンや鍋を叩いて一部屋ごとに踊りまくって荒らしてゆきます。踊りは決まった振り付けはなく、要するに狂喜乱舞すればいいのです。一部屋五分としても全部回ると最低で五時間。終了は明け方になります。私も一度やりましたが、声は出なくなる、体中の筋肉が痛んで数日寝込んでしまいました。そのときに歌うのが文字通り「ストームの歌」なのですが、これは明治三十八年に出来ていたと言われていますから「都ぞ弥生」より歴史があるわけです。門外不出状態の文化的価値のある歌詞ですから公開することにしましょう。

札幌農学校は蝦夷が島　熊が棲む
荒野に建てたる大校舎コチャ
エルムの樹影《こかげ》で真理解く　コチャヱ　コチャヱ

札幌農学校は蝦夷が島　手稲山
夕焼け小焼のするところコチャ
牧草片敷き詩集読む　コチャヱ　コチャヱ

札幌農学校は蝦夷が島　クラーク氏
学府の基《もとい》を残し行く　コチャヱ　コチャヱ（色部米作、加藤茂雄、出納陽一合作）

現在、この恵廸寮の一部が札幌近郊の北海道開拓記念の森に移築保存されていますが、懐かしさのあまり人に見られないように一人密かに踊ったものです。ともかく、青春を謳歌させてくれたキャンパスでした。

また大学の講義も理数系を除いては教授たちのユニークで個性的な特色のあるものばかりでした。ある時、哲学の講義が予定時間がきても先生は話を止めません。そこへ次の講義の先生がやって来ました。するとこの先生、怒るでもなく「そうか、まだやっとるのか」と言って何事も無かったかのように戻っていきました。また語学と体育以外の講義は出欠をとるような先生は一人もいませんでした。

私が最も熱心に聴講した講義は社会思想史でした。普段は定刻に始まり定刻に終わるのですがある時、午後三時から始まった講義は午後六時まで続きました。二月は北海道は一番冷え込みます。暖房は五時で止まります。広い教室に十四、五人の学生はしんしんと降る雪の中で震えながら聴講しました。この先生は後に関西の大学の学長になりました。この先生に「出欠を取らない訳はなんですか」と直接聞いたことがあります。するとその先生は「君、大学は自動車学校じゃない、出欠を取るというのは刑務所か軍隊の点呼と同じだ。大学は学生に最大の自由を保証するところだよ。講義に出るかでないかも学生の自由の一つだ」と言われたのです。この言葉は私の胸に深く刻まれました。大学人としての指針を示してくれたこの言葉を忘れたことはありません。私はこの言葉を守って在任中、一度も「点呼」を取ったことがありません。

大学が学問の府だということを私はこの教授のお話から学ぶことが出来ました。大学というところは一般の世間と違う時間が流れていいと思うのです。同時代に日露戦争のあったことを知らない学者がいたという話を聞いたことがありますが、私はそれで良いと思うのです。世知辛い世の中に一つだけでも浮き世から離れて自由に学問に打ち込む空間と時間があっていいと思いますし、それが無ければその国は滅びると思います。文化も芸術もゆとりあってこそ生まれます。

激動する社会に遅れを取ってはならない、バスに乗り遅れるな、という言葉は大学に最も無縁のものでなければなりません。太平洋戦争下の流行語にもなったこの言葉は結局国民を地獄の道に引きずり込んだではありませんか。古文書を読み解くのに激動する社会は関係ありません。新しい発見を営利目的でやるような企業と同じ次元で考えるのは間違いです。

その意味で最近の大学は企業と同じに利益本意、大学では業績本意という傾向が強く、このため基礎的な研究がおろそかにされ重箱の隅をつつくような研究が先行しています。論文数で研究者の価値を一列にするのは学問の衰退を招きます。学問は即効薬ではありません。薬屋さんと大学を同列に置いていいわけがありません。

取り組まなければならないと信ずる学者が時間に追われず、業績主義に急かされることなく心おきなく研究にうち込める場、それが大学というものではないでしょうか。この原点を忘れた大学は存在価値を失ってしまうでしょう。そのことがとても気がかりです。

【本章の関連文献】

1 山本有三『心に太陽を唇に歌を』(新潮社)

2 吉野源三郎『君たちはどう生きるか』岩波文庫

【本章関連の拙著文献】

1『教育芸術論』明石書店　一九八九年

2『交流現象論』新泉社　一九八四年

3『生涯教育入門』(共著)明石書店　一九九七年

4『社会教育の思想と方法』大原新生社　一九八〇年

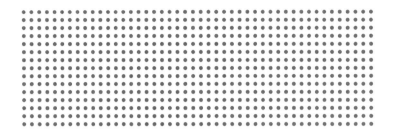

第二章　実践編

「晩年」は研究室に籠もるようになってしまいましたが、
私はどちらかというと学究肌ではなく
現場の第一線で動き回る型の人間でした。
特に社会教育は理屈ではなく、実践です。
自慢できるような話はほとんどありませんが、
私の社会教育論は全て自らの実践の積み上げです。
その点だけが他の社会教育研究者と違います。

1 興正学園

大学に入学して最初に始めたのはボランティア活動でした。といっても一人です。自由な時間を読書に当てること、青白いインテリにならないために社会的活動をするというのが大学に入った時の目標でした。そこで札幌市内の孤児院をいくつか訪れて豊平河畔にあった私立の興正学園に通わせてもらうことにしました。毎日曜午後から夕刻まで、こどもたちの勉強をみたり遊んだりするということでした。勿論、ボランティアとしてです。

園には両親のいない六歳から中学三年生までほぼ三〇人ほどで職員は男性一人女性三人です。当時私は恵廸寮にいましたが、電車で二〇分ほどの距離でした。職員以外の「お兄さん」ということで半日はあっという間にすぎました。この頃は理屈もなにもなくただ、恵まれない子ども達に少しでも役に立てればいいと思ったのです。しかし、時間が経つにつれて子ども達の深刻な環境がわかってきました。個人では解決のしようのないケースばかりです。それでも指をくわえて見ているより何にもしないよりはマシだと言い聞かせて通い続けました。

最初の頃は張り切っていたのですが少しなれてくると疲労がたまって出かけるのが億劫になってきました。というのも貧乏学生の私に電車の往復代金は寮の昼食代と同じでしたから電車に乗らず歩いて通ったのです。一時間半ほどかかります。往復ですから若いといっても疲れが積み重なってきたのでしょう。特に冬は二時間はたっぷりかかります。吹雪の日はやめたくなりましたが待っていてくれることどもを裏切ることはできません。

風邪とか帰省、年末以外はほとんど休まず四年間通い続けました。時に「オレも行く」といって参加する学生もいましたが長続きしませんでした。私の卒業の年、興正学園を出て社会人になる中学生二人に卒業祝いだといって市内を散策し食事をしてちょっとしたプレゼントをしました。いまもあるテレビ塔の展望室でココアを飲みながら話しているとひとりの子が「お兄さん、人が殺されたの見たことある?」と突然言ってきました。この子は笑い顔を見せたことがなく無口でいつも不機嫌な態度をしていて正直言って私も苦手な子の一人でした。その子が「お父さんもお母さんも目の前で殺されたんだ。忘れようと思っても夢に見て怖くて仕方なかった」と一気に話してくれたのです。冷え切った心に気づかなかった不明を恥じるとともに少し心を開いてくれたことが私にとってなによりのプレゼントでした。

2 青年サークル研究

教育学部の三年になって後輩三人と学内団体として「教育青年会」を立ち上げました。私の研究テーマである「青年サークル」を理論的に学習するためです。大学公認になれば施設の利用ができるのです。そのころ出来たばかりのクラーク会館に学生が演習や学習する部屋があり毎週集まっていました。そのうちに研究相手の市内の勤労青年サークルのメンバーにも来て貰い議論をしました。当時、勤労青年は大学構内に足を入れたこともないというので話を聞きつけた勤労青年が多勢参加するようになりました。そこで彼らのために「時事問題」や「労働問題」というテーマを取り上げ大学院生を講師をボランティアとして呼んで自主講座を開きました。この当時、院生による学内での自主講座は全国的にも珍しかったと思います。

やがてこの会合や講座のまとめを冊子にしました。初めは不定期でしたがどうせやるのなら本格的にやろうというので謄写印刷で毎月一回定期的に発行することにしました。内容は研究報告、自主講座要録、市内及び道内のサークル情報でB５版平均三〇ページ、これを二年間続けました。これを東大で農村青年研究をやっていた宮原誠一教授（その頃は尊敬していましたから）に贈ったところえらく誉めた返事をもらってみんなで乾杯したものです。これは原紙に鉄筆で彫字する作業だけで徹夜で三日、百部の印刷製本に一日かかりましたから若さと元気がなければ出来なかったと思います。

そのうち自主講座は決まった曜日になると学生以外の威勢の良い若者が集まるという風評が大学当局の耳に入り学外者の出入りはまかりならんと言われてしばらく抵抗しましたが守衛たちが部屋の前でチエックし始めたため青年たちは気分を害して姿を見せなくなり自然解散となりました。

3 クリーニング学級

大学院に入って指導教授の口利きで札幌市の教育委員会嘱託となりました。最初に命ぜられたのは「青年学級」講師でした。そのなかで試験的にクリーニング店で働く青年のために設けられた「クリーニング学級」の担当主任になりました。

これはクリーニング組合の理事長が教育委員会にじきじきにやって来て「中卒というコンプレックスを少しでもなくしてやりたい、ついては教養もいくばくでも身につけることが出来るよう配慮してくれまいか」という陳情を受けて開設が決まったのです。後に私はこの理事長に挨拶に伺いましたが苦労人らしく人間の出来た人物という印象を受けました。

「私も中卒ですから彼らの心情はよく分かるんです。援助は惜しみません。どうかよろしくお願いします」といって私のような若造に深々と頭をさげてくれました。この人のためにも成功させなければと思いました。

内容は任せるから好きなようにやれというのです。そこでこの業界の幹部から意見を聞き、骨子を固めました。年間五〇時間をクリーニング技術と教養を半々にする。週二日、夕刻七時から九時まで、会場は北大正門前にあったクリーニング組合集会所。技術指導講師は業界に任せ、教養は私が担当しました。

開講初日二〇人ほどが集まってきました。全員が突然店主から「今日からお前は学級へ行くんだ」と命令され否応なく出かけてきたものですから不機嫌でした。中卒といっても年齢はまちまちで三十歳近い「若者」も混じっています。一応「校長」は業界理事長ですから彼の挨拶までは静かでしたが「校長」が帰って教育委員会の社会教育課長の挨拶になるともう誰も聞いていません。課長は途中で挨拶をやめて私にこういって帰って行きました。「こりゃ大変だ。頼むよ」

そこで私は手短に「嫌なら無理に出てくる必要はありません。ただクリーニングの腕を磨きたい人、友だちがほしいという人は来た方がいいですよ」といってその日は解散しました。すると一人の若者がそばにやってきてこういうのです。「みんな嫌がっているようだけど殆どは喜んでいるよ。なにしろ仕事以外のことは知らないから」つまりこの学級がなければ寝るまで仕事で外出すらままならないというのです。「蟹工船」がまだ存在していたのです。あとで知ったのですがこの業界は競争が激しく一枚のシャツでも一着の背広でも多く捌かないとたちまち倒産してしまうので、労働もきつくなっていたのです。

翌週、三十代近い「青年」を除いて全員が集まりました。「自己紹介」をしようとしたところ、最初の青年がぽかんと口を開けたままです。そこで私はもう一度催促すると口ごもりながら訴えるように真剣に「あの、オレ、事故は起こしてないけど……」と言うのです。ややあって教室は爆笑に包まれました。「自己紹介」を「事故障害」と間違えたのでした。以来、教室は明るい笑い声と会話が弾んでとても素晴らしい教室になりました。

教養といっても簡単な計算と漢字を基本にし、あとは新聞を教材に時事解説です。健康も重視して食事と栄養の資料を作って話題にしました。とにかく彼らは学校が嫌いでした。劣等生だった彼らは学校といっただけで拒否反応を示します。ですから出来るだけ学習も学校の雰囲気を出さないように工夫しました。テキストとかテストという言葉は特に彼らの嫌う言葉でした。

また、他の青年学級との交流も積極的に行いました。日曜などを使った交流会や運動会などは理事長に掛け合い店を休めるようお願いをしました。弁論大会では嫌がる弁士をなだめてちょっとアドバイスをしたら優勝し、以来彼は何事も積極的になって進んで営業を買って出て店主を喜ばせました。また、一八歳の青年は労働大臣作文コンクールに応募して見事大臣賞を射止め生まれて初めて東京見物と念願の巨人戦を見てきた幸運な生徒もいました。いままで消極的に生きてきた彼らが面白いほど何事にも積極的になっていく姿を見て教師冥利につきました。ただ、あるとき結婚を翌日に控えた生徒がやってきて「先生、梅毒って売春婦とすると必ず移るか?」と聞かれた時には困惑しました。

彼らは良く私の家に遊びにきました。当時、私は札幌郊外の広い土地付きのとても安価な借家に妻と生まれたばかりの娘とで住んでいました。庭が広く隣に家もない田園地帯だったのでジンギスカン鍋をつついて放吟しても誰にも迷惑はかかりません。時に泊まり込んでいくことも珍しくありませんでした。

「学校時代にこんなに楽しければぐれなかったなあ」

「授業だって先公は分かる奴だけしか相手にしなかったもんな」

「でも、まだオレには中卒だと胸を張れないよ。出来れば高校ぐらい行きたかったけど」

「過去のことを振り返ってもしかたないや。オレは札幌一のクリーニング屋になってみせる。クリーニングは学歴じゃない。腕だよ」


そういう会話を聞いていると私まで元気をもらえた気持ちになるのでした。彼らとは私の東京への出稼ぎのために縁がきれてしまいました。しかし、後に結婚した二組夫妻がそれぞれ東京の私の家に顔を出してくれました。私は銀座と浅草を案内しましたが、彼らは独立した事を誇らしげに語って元気に帰っていきました。

4 市民活動サービスコーナー

意を決して東京に出てきました。在京の社会教育学会の皆さんが心配してくれて講演とか青年・婦人学級の講師を斡旋してくれてなんとか家族を養うことが出来ました。そうこうしているうちに国立公民館の館長が会いにきてくれて、うちの公民館職員にならないかと言ってくれました。当時、国立公民館はユニークな実践で全国にその名が知られていました。ですから職場として申し分のない働き場所です。通常なら一も二もなく快諾するところですが、私の場合、現場より研究の場で仕事をすることが第一希望でした。このために一生懸命勉強してきましたから、随分悩みましたが結局、お断りしました。これは大学で哲学の二単位を取らなかった時以来の決断でした。この単位があれば教員資格が取れるのです。貧乏学生でしたから苦し紛れに現場の教師にならないための決断でした。文字通り三顧の礼を尽くして説得してくれた彼に感謝しています。ただ、ここで職員になっていれば私の人生は全く異なったものとなっていたでしょう。

そのうち彼が東京都で新しくできた社会教育指導員を求めている、その気があれば推薦するがどうか、と話を持って来てくれました。これは名称は社会教育指導員ですが実際は校長退職者救済の弥縫策で現場からは無用な制度として批判されていました。私もこの制度には反対でしたが、無職では如何ともし難く理屈だけでは食べてゆけないのでお願いすることにしました。週三日だけの勤務で報酬はちょうど一ヶ月の家賃分でした。

東京都教育委員会は有楽町の交通会館に入っていました。部長から辞令をもらいました。立川にある社会教育会館勤務ということになりました。仕事は新設された「市民活動サービスコーナー」での業務全般です。当時、当選したばかりの東京都知事は「革新派」で市民運動に理解があったせいでしょう、全国でも珍しいポストでした。都の担当者から言われたことは、初めての取り組みなのでいろいろ試みて欲しい、という柔軟なものでした。

立川の社会教育会館は七人の社会教育主事が多摩地方の市町村と連携して様々な事業に取り組んでいました。また、多摩地区は住民運動の盛んなところで、反戦から福祉あらゆる運動が展開されていました。ですから、最初の仕事はこれらの団体に存在を認識してもらうことでした。私は先ず市民運動の実情を調べました。どういうところにどういう運動があるか、そして各団体宛にコーナー開設の挨拶と主旨を送付しました。ところが市民運動は基本的に行政に不信感を持っています。早速コーナーにやって来て〝抗議行動〟です。このコーナーは住民運動の本質である自主性、自立性を奪おうとするものだ、廃止しろなどといわれました。えらく元気のいい人たちだと思いました。

私が考えたのはこのコーナーでは市民運動の運動そのものに関わるのではなく運動の学習的側面の支援、つまり後方支援に徹することでした。当然、運動の主体性や自立生を侵害しない支援をすることです。なにしろ全国で初めての試みですから蓄積されている前例がありません。

そこで具体的に次の構想を立ててみました。

1 会議場の無料使用
2 市民運動の情報収集とその公開
3 市民運動に関わる学習支援

です。

これらの実現は主事室と事務職員の同意が必要でした。ところがことごとく反対されるのです。まるで私が市民運動の先頭にいるみたいでした。使ってない部屋が一杯あるのに駄目だというのです。

これは税金で建てた施設で都民の建物だといっても駄目一点張りです。また私は市民運動には情宣広報活動が必須ですから当時発売されたばかりのゼロックスをレンタルで借りその複写も一団体上限二五〇枚まで無料という企画も起案しましたが、これは事務方が反対しました。もっとも強硬に反対したのは若い係長で、この男は組合の委員長もしていました。話し合っても全く埒があかないので私は直接ゼロックスに電話して搬入させ既成事実を作って実現しました。

2の件は一人では無理なので取りあえず多摩市町村の予算・決算報告書を揃えて自由閲覧としました。市民運動は行政と関わる問題が多いので、こういう基本的な資料が必要だと思ったからです。また、基本的な運動支援に資するパンフレットを作成、市町村公民館に配布しました。私自身が作ったのは『市民の請願・請求権』（第一号）と『市民の教育・学習権』（第二号）だけですが評判がよく第二号はすぐ増刷しました。

3の件では市民運動には学習に必要な講師にかかる費用の一部負担するというものです。これは下手をすると憲法八九条「公の財産の支出利用の制限」に抵触するおそれがありましたが、悪いことなら問題ですが市民のためになるのですから押し切りました。ただ、公金を出すのだから一定の基準が必要だと考え、団体から「団体名、目的、講師名、講演要旨」を出して貰うことにしました。ところが主事室と事務方はこれだけでは不十分だ「名簿」も提出用件にしなければ認めないというのです。こういう態度ですから行政が信用されないのは当たり前だと思いました。運動主体にとって「名簿」は生命線です。警察だって令状なしでは提出を要求出来ないことです。会館側と長々と交渉が続きましたが向こうも一歩も引かない気配なので私が「これが駄目だというなら団体代表に集まってもらって皆さんから直接説明してもらいます」というと途端に態度を一変させて認めました。

年が明けてまもなく都庁から呼び出しがありました。コーナーでの私の仕事が行き過ぎだというのです。いくつかその事例を提示されましたが、なかでも問題にしたのは団体への公金支出の問題でした。というのもこの件が社会教育学会で取り上げられて私の仕事が憲法に抵触しているのではないかと疑問が出されたというのです。どういうわけかこの時、私は学会に出ておらず詳細は分かりませんでしたが、都庁にいた会員の一人が部長あたりに「ご注進」したのでしょう。役人はトラブルを異常なほど嫌がります。国会にでも取り上げられては大変と思ったのでしょう。しかし、私は少しも悪いと思いませんでしたから、この調子で張り切って仕事をしますよ、と言って部長室をでたのです。すると数日後、人事課から電話があって「配置換え」の予告です。同じ教育委員会ですが庶務に嘱託のポストがあるというのです。私に伝票整理をしろ、ということなのでしょう。つまり、嫌がらせで辞めさせようというわけです。以前にも『市民の教育・学習件』を出したとき私がかいた「解説」が市民よりの「解説」はまかりならんとボツにされて辞表をだそうと思ったことがありましたから、こんな偽善的な職場にいたくないと思ってさっさと辞めました。この経過は今回初めてお話ししました。一番先に脳裏をよぎったのはこれで家賃分がなくなってしまったということでした。

ともかく非常勤週三日勤務で専任の主事以上の仕事をしました。講師派遣はいま全国どこでも実施しています。私がこの風穴を開けなければ今でも実施されていなかったかもしれません。

5 成人障害者の学習

（＊「障がい者」という表記はむしろ逆偏見と思うので敢えて「障害者」としました。）

東京学芸大学に奇跡的に拾われて食べる心配だけはなくなりましたので、学生と自主ゼミを始めました。障害を持つ成人の学習です。実は私の一番上の兄は聴覚障害者です。小学校五年の時、原因不明の高熱を出し何日も生死をさまよい、なんとか生命だけはとりとめましたが後遺症で失聴してしまいました。中途失聴なので口話が出来、発音も淀んでいません。見た目は健常者と変わりませんがその苦労は大変だったと思います。ちょうど一〇歳離れている私は何かと兄の通訳役をつとめました。東京に出てくるとき一番寂しかったのはこの兄だったと思います。数年前帰郷した折りに兄の口から「担任の教師から頭を強打されたんだ」と初めてその原因を明かしてくれました。その担任は日教組の支部長をしていた私も知っている人間でした。兄は今も母が眠っている郷里にいて独りで墓を守っていてくれています。

あまり意識したことはなかったのですが、潜在的に障害を持った人々のことを思い続けていたのかも知れません。自主ゼミを持ったのはそんな背景からです。児童に関する研究や実践はかなり進んでいるようですから、対象を成人の障害者に絞りました。初めの頃は文献を中心に理論的な学習をしていましたが、驚いたことに社会教育という分野では研究も実践も皆無でした。実践もないのに研究どころではありません。ちなみにこのゼミに参加したのは「特殊教育」専攻以外の学生ばかりでした。

その頃でした。いわゆる「五四養護学校義務化問題」が持ち上がりました。一九七九（昭和五四）年度から健常児は普通の小学校に、障害を持った子どもは養護学校に入学させるというものです。当然、賛否両論に分かれました。私は躊躇いなく反対の立場でした。人間の社会はいろんな人間が混ざり合って成り立っています。障害を持っている人もそうでない人も助け合いながら生きていくというのが人間の社会です。それを学校段階から選別してしまうというのはどんな理屈を付けても成り立つはずがありません。

私は以前から本学にある「特殊教育」という学科の名称を変えるべきだと主張していて、この学科の先生方とは意見が合いませんでした。そしてこの問題でもこの学科は義務化を支持する立場を明らかにしました。学内では学生同士が対立し暴力沙汰にもなってきたのでなんとかしなくてはならないと考えて数人の先生と話し合い討論の場を持つことにしました。暴力でなく言論で解決しなければ大学とは言えません。そこで対立している両派の学生代表、教師などの全学で公開討論会を何度もやりました。また教育評論家の金沢嘉市らを招いて講演会もやりました。

私は義務化反対の立場ですが出来るだけ公平にことを進めました。結果的に法案が国会を通過してしまい、紛争は二年ほどで下火になりました。この紛争で仲介をした同僚数人と慰労会をしましたが、店を出て駅に行く途中で特殊教育学科の先生数人とばったり顔を合わせました。するとそのなかにいた私と同世代の助教授が私に殴りかかってきました。幸いこの学科の先生があわてて止めに入ったので怪我をせずに済みました。ふだんからの鬱積を私にぶつけたのでしょうが、なんとも情けない人間だと思いました。

この過程で私は成人の障害を持つ父母との繋がりが出来ました。先ず、親の意見を聞くことから始めました。この頃は親が障害を持つ青年を出来るだけ外に出さず「座敷牢」に閉じこめておくというのが当たり前のようになっていました。田無のあるお母さんが率先して自分のこどもと同じ障害をもつ市内の青年数人を週に一、二回公民館に連れて行って遊ばせているという話を聞いて、出かけました。火曜日の夜七時を過ぎていました。講堂兼集会所で三人の青年が大きめの風船をボール代わりにして楽しそうに遊んでいます。笑顔で「楽しそうだねぇ」と声をかけると「うん、一緒に遊ぼう」と言ってくれました。障害者は人間関係で躓くと言われますが、それは障害者に問題があるのではなく、相手方にあるのだと思います。私と彼らはすぐうち解けました。というより彼らは新しい仲間を待っていたのだと思います。

田無公民館と話し合い、青年たちの無料利用を認めてもらい、父母の皆さんが協力して他の青年達に働きかけて様々な障害を持つ十二人が集まりました。ボランティアの学生は七人、しばらくは親睦を目的とした遊びやゲームで過ごしました。硬い氷がどんどん溶けて行くようで彼らの顔に笑顔が戻ってきたのです。外からこの様子を見ていた母親が「こんなに嬉しそうに笑った顔は久しぶりです」と涙するのをみて、私たちも思わず貰い泣きしたものです。すっかり落ち着いてきましたので、少しずつ学習を取り入れるようにしました。例えば漢字は用紙に文章を書いて簡単な文字から読めるようにしました。目標は新聞を読めることでした。新聞が読めれば彼らの頭の中に飛躍的に多くの情報が入る事になるからです。また数字もおもちゃのお札を使って買い物ごっこで日常的な生活に近づけるように工夫しました。

順調に進んでいるように見えましたがある時、こんな場面を見て考え込んでしまいました。バドミントンを楽しんだ後の片付けの際、学生が「鈴木君、だめじゃないか。ちゃんと片付けしなさいよ」と言ったのです。鈴木君は交通事故で頭を打って以来、脳障害でその後遺症で言語と運動に障害をもつようになりました。二十八歳です。その彼に二十二歳の学生が「君」づけで呼んでいたのです。学生に悪気はありません、それどころか誰よりも熱心で真面目な男です。しかし、年上の人間に「君」づけはいけない、と思ったのです。これは個人的に口先で注意して済ませる問題ではないと考えました。根本的な問題は学生には父母たちからの寸志ということで交通費とわずかながら日当が出ていました。すると片や「世話する側」もう一方は「世話される側」になります。そのことが無意識に学生に「君」呼ばわりさせる結果になっているのではないかと考えたのです。ただ一度スタートさせた流れを急速に変えるのはよくありません。しばらく様子を見ることにしました。年度が変わって新しい学生が入ってきた際に、対等・平等の関係を築くことの意味を話し合って実践に活かしていくことを確認しました。

6 コーヒーハウス

国立に引っ越したとき、谷保天満宮で有名な谷保青年団の若者が酒をもって家に押しかけてきました。全国的に衰退しつつある青年団の今後について話を聞かせてくれということでした。いい知恵は持ち合わせませんでしたが、公民館と連携して新しい可能性を模索してみないか、というような事を話しました。「冗談じゃない、あんな辛気くさいところはまっぴらだ」という具合でした。公民館の青年担当に話すと着任したばかりの職員は「私は社会教育は全く知らないから、取りあえず話し合いたい」ということで青年団と話し合いの場を持ちました。

何度か話し合いましたが両者とも意気投合し、元気の出る面白いことをやろうと言うことで一致しました。公民館予算に「青年学級」という費目があります。青年団同様、これもじり貧でした。職員は予算はこれを当てるがこの名前はつけないと明言しました。下手に社会教育の知識があればそのようなことはしません。それに多摩地区の青年学級は全国のモデル的位置を占めていましたからこの決断を青年達も支持しました。そして議論を重ねて新しい青年の事業モデルを構想しました。気楽に集まるために「赤ちょうちん」はどうだ、とか「賑やかにわいわいがやがや騒げる雰囲気がいい。〝わいが屋〟」がいいとか少しずつイメージが作られていきました。そのうちに「若者むきというのにどれもジジイむきだ。コーヒーハウスならどうだ」という意見にみんなとびつきました。こうして青年教育というと旧態依然のまま安住していた「青年学級」は「コーヒーハウス」として装いを全く変えて登場することになりました。

ここでの私の役割は「ホスト」です。講師や先生などという七面倒な肩書きでは形式的な関係しかできませんから「兄貴分」として必要があれば助太刀をするということです。若いし威勢のいい若者ですから暴走気味になったときだけ出番がきます。それ以外は私は彼らと一緒に歌い語らい酒を飲みます。コーヒーハウスですから基本はコーヒーですが、公民館の青年室は別棟に物置小屋を改装してつくりました。リサイクルで手に入れた冷蔵庫には「麦茶」と称するビールが入っています。全国的に見て公民館は沖縄を除いて禁酒です。青年に禁酒をすることがどんな教育効果があるというのでしょうか。浅はかな「大人」の浅知恵というものです。泥酔は困りますがほどほどの飲酒は潤滑油になります。むしろいい酒の飲み方を学ぶことこそ大事だと思います。

コーヒーハウスではまず「わいが屋」語り合いを尽くします。すると青年達がある問題意識を持ち出して演劇とか運動とか個別具体的なテーマに関心が向いてきます。その時にそれぞれがそれらのテーマに興味を持つ者同士でグループを作り、それらに取り組むのです。写真、運動、演劇、読書、コーラスという具合に分化していくのです。

7 サンデーコーヒーハウス

あるとき一人の障害を持った青年がやってきました。脳性麻痺で言語と歩行が困難でした。彼は一言も話さずじっとみんなの会話を聞いていました。コーヒーハウスでは話をしないという自由も認めていました。強制は「憲法違反」でした。会がお開きになって三々五々散ろうとしたとき、この青年がぼそっとこういったのです。「夜でなく昼にこういう会があれば友だちも来られるんだけど」みんながこの声に振り向きました。話を聞くと障害をもっていて夜の外出は無理だが昼なら出てこれるというのです。私はコーヒーハウスの若者がすごいなと思ったのはこの青年の一言を真剣に受け止めたと言うことでした。

そしていくつかの準備をして月一回日曜日に「サンデーコーヒーハウス」の誕生となりました。最初は数人からでしたがやがて十数人になっていきました。

「普通のお兄さんやお姉さんと話すのは初めて」という言葉にそれまで彼らの置かれてきた環境が現されていると思いました。私もできるだけ「普通」におつきあいさせてもらうよう心がけました。これは私の田無での失敗から学んだことを生かせたからです。健常者と障害者に壁を作らない、ボランティアは置かないという教訓です。

例えば遠足ではバスをチャーターするということを敢えてしません。電車にのり公共バスを使います。ただ、お昼は弁当を止めて食堂を使うようにしました。というのも彼らは外食もあまりしていないのです。こういう気遣いはしましたが、トイレに行く場合は同性の隣にいる人間が協力します。いわば全員がボランティアなのです。楽宿《がっしゅく》（私たちはこう名付けていました）も同様です。三浦海岸に合宿に出かけたときはＪＲと私鉄を使いました。その頃の駅は障害者への理解が足らず車いすは改札口を通り抜けられませんでした。乗客の皆さんも車いすや障害者の集団を見る機会が殆どなかったので奇異な目で見られたり邪魔者扱いもされました。私はそういう現実を直視することも双方共に必要だと思いました。

次の文章はこの楽宿に参加した十九歳の重度の脳性麻痺の女の子の感想文です。手足の不自由なこの子はペンを持つのも大変なのに自分から進んで原稿用紙二十枚の感想を綴って持ってきました。ほんの一部分しか紹介できないのが残念です。楽宿の翌日、三浦海岸で広い海に感激したあと私は昼に大衆食堂にはいりました。自分の好きなものを注文します。

駅の近くの店で、ひる食を食べにみせにはいった。私は、ラーメンを食べました。私はみせで何かを食べることは、ここが初めてです。私は外で食べることは、今までになかった。でも、みせで食べたラーメンはおいしかった。初めてみせで食べたラーメンの味は、一番おいしいと、思いながら食べました。私は、久しぶりで、ラーメンを全部食べました。

実は私はこの子の真ん前に座っていました。表情を変えないで黙々と食べているので「おいしい？」と聞くと頭をコクンと振って頷きました。見た目にはあまり感じませんでしたがこのときこの子は感動しながら生まれて初めての外食を味わっていたのでした。

食堂を出ると目の前を本学の「特殊教育学科」の教師とゼミの学生らが横切っていきました。そのなかに障害者は一人もいませんでした。私に殴りかかってきたくだんの教師の姿もそこにありました。この時にしみじみ思いました。私たちには金も力もないが、一片の善意と少しの誠意があれば障害を持った青年と喜びと感動を共にできるのだ、ということをです。

また、私たちは多摩の他市町村に障害者の交流会を呼びかけました。七市が参加して春に運動会、秋にソフトボール大会を企画しました。実行委員会も障害者青年に主導をお願いしました。第一回の運動会では二百人を超える参加者があり、養護学校出身で人前で挨拶したことがないという昭島から選ばれた実行委員長はメモも見ずに見事な挨拶で喝采を浴びました。応援合戦もそれぞれ工夫してそれは楽しい大会になりました。なかにはこれが機縁で恋愛、結婚という嬉しい展開が生まれたりもしました。障害者の方々がもっとも臨んでいるのは人との交流です。その一端を担えたことは幸せでした。

私個人は全て手弁当でお手伝いしました。時に自分のこどもたちの運動会にも出ずにこちらの交流会に出て家族から小言をいわれたものです。コーヒーハウスも交流会も軌道に乗り出しましたので五年後、私は研究生活に戻ることを決心してこの仕事から引退しました。引退後も彼らからかかってくる電話は楽しみでした。いまでも一人一人の顔を思いだしてあのときの思い出に耽ることがあります。

こういう実践を踏まえて私は成人障害者の学習権を論文にまとめ、また社会教育学会でも二度にわたって発表しました。戦後、成人障害者の学習権を論じたのも私が初めてです。その後の研究の発展を期待しています。

8「戦争を知らない世代の歴史講座」

最後にもう一つだけお話しさせてください。それは国立公民館で職員とタイアップして始めた「戦争を知らない世代の歴史講座」です。最初、この職員から歴史講座を始めたいという相談を受けたとき軽い気持ちで考えていたのですが職員は本格的なものをやりたいというのです。キーワードとして「昭和」「戦争」を中心に据えた若者も参加出来る企画を考えてみてくれないかというので、少し考えて次のような構想をまとめたのです。

1　戦争体験者を中心にする。
2　様々な分野で活躍している人物を講師に招く。
3　講師には講演や講義というスタイルでなく時代の証言者として話してもらう。
4　年に数回、シリーズ制にしてテーマを決めて開講する。その企画は私が担当する。講師の交渉は職員が担当する。
5　内容を深めるため参加者との質疑応答を含めるが単に質問するというのではなく、討論スタイルにする。また、一シリーズの最終回には講師全員が参加して討論会を行う。
6　このため司会者は職員ではなく歴史に詳しい外部の人間にする。

という予算的にも講師選択でも課題の多い講座を考えたのです。すると職員は面白い、これでいきましょう、と二つ返事です。ただ、一つ条件を付けられました。司会は私にやってくれ、というのです。歴史に疎いといって断りましたが、この企画を成功させるのは私しかいないとおだてられて結局、承諾してしまいました。

私が司会と決まったのでシリーズの第一回目にはテーマの主旨を明らかにする「序説」を置いておこがましくも私が担当することにしました。どうせ担当するならそれなりに勉強して関わろうと思ったからです。ちなみに第一期から第四期までの内容はつぎの通りです。

【第一期　歴史と体験―私にとっての戦争―】（一九七六年九月〜十一月）
①序説―問題の所在
②映画「私は貝になりたい」
③「軍隊・軍人・戦争」禾　晴道（元ＢＣ級戦犯）

④「戦争はいかに進められたか」実松　謙（元大本営海軍参謀）
⑤「はだしのゲン―被爆の体験―」中沢啓治（劇画家）
⑥講師による討論

【第二期　抵抗と転向―一億一心の世界―】（一九七六年十一月〜十二月）

①序説―問題の所在
②「大東亜戦争報道と天皇」松浦総三（東京空襲を記録する会事務局長）
③「教師と戦争」国分一太郎（教育評論家）
④「民衆の抵抗」稲垣真美（作家）
⑤講師による討論

【第三期　侵略の思想―日本とアジア―】

①序説―問題の所在
②「三光作戦―中国での日本軍―」塚越正男（陸軍上等兵・中国戦犯）
③「鉄の暴風―沖縄の体験―」儀間真勝（那覇小教諭・対馬丸生存者）
④「朝鮮人強制連行の記録」朴　慶植（朝鮮近代史研究家）
⑤講師による討論

【第四期　教育と戦争】（一九七七年度）

①序説―問題の所在

②「教師の戦争責任」金沢嘉市（教育評論家）
③「戦争と教科書」家永三郎（元東京教育大学教授・教科書裁判原告）
④「自分の受けた戦時下の学校教育」山中　恒（児童読み物作家）
⑤「ファシズムの中での図書館」清水正三（立教大学教授）
⑥講師による討論

なかでも印象に残っているのは第四期の「教育と戦争」でした。豪雨で電車がストップしたと言うのに百人を超える参加者がありました。この講座の参加者は地元の国立から半分、他は他の市町からでした。中には神奈川の藤沢や千葉の君津からわざわざやってきた方もおられました。講座は十三年続きました。最後の年度には参加者が四，五人となり講師の方が多いという状況になり、担当職員も配置転換になったのを機に閉講しました。

私が昭和の歴史に少しばかり詳しいのはこの講座のおかげだといって過言ではありません。というのも講座で講師の紹介を私がするのですが、これを一問一答方式でやりましたので講師をお呼びする前に出来るだけその先生の著書を読破し、ツボを抑えた質問をする必要がありましたから否応なく知識だけは蓄積されたからだと思います。

かにかくに私の乏しい実践をお話しました。また、実践ばかりではなく社会教育に関する理論研究も少しはやりました。ただ、学会では私の実践と理論はほとんど評価されませんでした。社会教育学会が「総力」を挙げて取り組んだという『現代社会教育の成果と課題―社会教育研究三十年の成果と課題』(一九八八年)に私の出番は論文は勿論のこと、実践も出てきません。それはどうでもいいのですが、理論も実践も省みられず、継承も検証もされないというのでは社会教育研究の発展は危ういのではないかと心配です。

私はこれからも学問は続けますが「社会教育」の世界からは足を洗って好きな研究に打ち込むつもりです。

【本編に関する拙編著】

1『民衆教育の思想と課題』私家版　一九七六年

2『社会教育の思想と方法』大原新生社　一九八〇年

3『現代社会教育の課題と展望』明石書店　一九八六年

4『社会教育と自己形成』明石書店　一九八七年

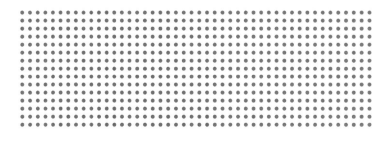

第三章　戦争と教育

本章から第五章までは私の研究の軌跡です。
語れるほどの中身はないのですが
特に本章では教育界の火中の栗を敢えて拾った顛末の
一端を綴ったものです。
このことが私の研究者の運命を左右しました。
しかし、それも柳田國男の言う
「無知の相続」の一環にもなればいいと思っています。
学問にとってタブーこそが最も忌むべきものだということを
肌で感じたものでした。

1 放浪

長い浪人生活を経て大学に勤めることが出来たのは三二歳の時でした。それから同じ三二年、東京学芸大学に勤めた事になります。なんか妙な辻褄のあう数字です。ひょっとしたらあと三二年生きることになるのかも知れません。

冗談はさておいて、それまで日雇いや先輩たちから口添えしていただいた講演や青年学級や成人学校の講師をしながらの生活でしたから、大学人として勉強不足は否めませんでした。それでも生活の心配がなくなったので猛勉強をしました。当時は研究室が二人の相部屋、しかも相手の教授は学生に人気がありしょっちゅう学生が研究室にきますので落ち着いて本も読めません。ですから教授の出勤しない日とか土曜、日曜に研究室に籠もって勉強したものです。

私は地元の北海道大学教育学部出身です。専攻は社会教育でした。社会教育を選んだのはその教授があれこれ指図しない放任型だったことです。私は子どもの頃からあれこれ指図されるのが大嫌いでした。それで大学人の道を歩んだのかも知れません。

本題に入る前に少し学生生活の話をさせてください。実は私の場合、大学入学より入学後にもっと大きな関門がありました。それは「恵廸寮《けいてき》」に入ることです。母子家庭の私は家からの仕送りが期待出来ないので学費の安い寮に入らないと学生生活を送ることが出来ません。それでも学費が嵩《かさ》み、困り果てて母に泣きついたことが何度もありました。然し、この恵廸寮は「都ぞ弥生」の寮歌で有名な歴史ある名寮ということもありましたが、仕送りの当てのない貧乏学生がたくさんいたので、入寮希望者が多く、入試が六倍だったのに恵廸寮の倍率はその倍でした。合否は寮の委員会の面接で決まります。幸い私は貧乏では自信がありましたので入寮できました。奨学金と一ヶ月一〇日ほどアルバイトをすればなんとかやってゆけます。授業料も入学したときに一度納めただけであとは全額免除してもらいました。

大学の四年間はあっというまに終わりました。ただ、その前に私はある一つの決心をしていました。当時は学部時代からあちこちの高校から教師にならないかという誘いを受けていました。三度の食事を満足にとったことのない貧乏生活でしたから教師になってサンマ定食を腹一杯食べたいという欲求もありましたが、もう少し勉強したいという気持ちにもなっていました。それで「哲学」二単位を敢えて捨てたのです。教員免許の必修科目です。これで退路を断って進学の道を選択しました。大学院にゆけば寮はありません。生活の目途がたたないのによく決断したな、と今でも思います。

大学院にはいると指導教授が教育委員会を紹介してくれて嘱託のような仕事をすることになりなんとか生活の目途がたちました。青年学級も担当しました。社会教育関係の資料作りも手伝いました。ですから実質的に私はいつ知らず社会教育の現場に足を踏み入れていたのです。大学構内の施設を使って「自主講座―戦争と平和」もやりました。社会教育実習では当時珍しかった八ミリ撮影機で「定時制」という映画を作って入賞したりもして充実した学生生活でした。その勢いでとうとう博士課程に進んでしまいました。博士課程は新設なったばかりで私はその第一期生でした。

私は青年教育、とりわけ中学を終えて世間にでてゆく青年の問題とその教育政策をテーマにしました。しかし博士課程の最後の三年目に入って、いわゆる全国の大学を席巻した「大学民主化」闘争の波が私の大学にも押し寄せ、私の指導教官はさっさと大学に辞表を出してやめてしまいました。突然、私は大学院孤児になってしまいました。しかも一期生ですから頼るべき先輩はいません。そのころは教育委員会嘱託の契約も切れ、生活の当てがなくなってしまい、明日のメシにも不自由する生活になりました。

小銭を貯めて漸く買いそろえた書物やなにもかも処分して（ただ当時配本されていた『定本柳田國男集』三五巻だけは手放しませんでした）なんとか旅費をつくって親兄弟はもとより誰にも相談せずに東京へあてのない出稼ぎの旅に出てきました。妻と三歳になる娘と三人家族です。

2 就職まで

当時、大学に就職するには今のような公募はほとんどなく募集する母体の講座の教授が自分の人脈を通じて数人の候補を出し、大学の選考委員会で決めるという方式でした。私のように主任教授や先輩がいない場合はその情報が入りません。ただ、私は大学院時代から社会教育学会に入って毎年発表していましたから、何人かの先生方が声をかけてくれて指導をいただいていましたので、それらの先生方から情報を得ることができました。募集の話がある度に履歴書を書きました。十通以上書いたと思います。そうしてようやく東京学芸大学に決まりました。

配属が決まって一ヶ月後には教壇に立たなければなりません。学生の頃は教育のことはそっちのけで社会学や社会心理学の勉強をしていて、教育のことはさっぱりです。ですから一年生になったつもりでノートづくりをやりました。なかでも近現代の教育理論と歴史を中心に学びなおしました。ですから私の教育学は独学に近いものでした。

講義もさることながら会議の多いのには驚きました。大学自治とか民主主義とかいいますが、ともかく何でも会議できまります。もっと驚いたのはその会議時間の長いことです。夕方から始まって午後十一時と言うときもありました。しかも夕食なしです。私のような若造が口を差し挟むような雰囲気はありません。教授の皆さんがあたかも不老不死の仙人のように延々と議論し続けるのです。あるとき教授の一人が「お若い皆さんも言いたいことを自由に発言してください」と言ったのでその言葉を真に受けて発言したら、あとでその研究室の助教授がやってきて「調子に乗るな」と叱られてしまいました。大学は言論の自由が保証されている職場だと考えていましたが勘違いでした。最も今はそのようなことはありません。誰もが自由に発言出来ます。ただ、会議の多さはむしろ今の方が増えていると思います。

それに着任翌月には否応なく教務補導委員に出されてしまいました。これは現在の学生委員会です。この組織は戦前、文部省が主導して全国の大学に設置したもので、学生の思想監視と対策のためのものです。しかし、教務補導部というのは学生を「補導」するという方針が見え見えです。この名称を数人の同志で「学生部」に変えさせるだけで十年以上かかりました。

当時は成田空港問題でこれに反対する学生運動が全国の大学で展開されていました。長い間住み着いていた農民の土地を有無を言わせずブルトーザーで蹴散らかそうとする国家権力に学生が農民を支援して激しい闘争を繰り広げていました。私の大学の学生も少数でしたがこの闘争に加わっていました。補導委員会のしごとは、そうした学生への対応です。学生たちは私たちを権力の手先と決めつけて激しい論争を持ちかけてきます。ストライキもやりましたし、大学当局に様々な要求を突きつけてきました。その全ての対応は補導委員会の仕事です。徹夜の話し合いが一ヶ月も続いたことがあります。寝袋を持ち込んで研究室で仮眠をとるのです。これが二年ほど続きました。

漸く任期が終わったと思ったら今度は休む間もなく学寮委員に任ぜられました。既に二年間、学生交渉の激務が終わったのですから、常識から言えば御苦労さんといってお役ご免になるのが普通です。ところが今度は補導委員会と同じくらい消耗する学寮委員をやれ、というのです。大学というところは常識やいたわりの通用しないところだと、その時初めて気づきました。

私の大学には三つの学寮がありました。二つの男子寮で、一つが女子寮です。そのうちの一つの男子寮は当時の全学連の反主流派が結集していて成田問題とも連携していて、補導委員会ではまだ穏健な学生自治会が相手でしたが、この学寮は最も「過激」な集団でした。その対応がまた二年間です。ただ、表現は適切ではないと思いますが、この四年間は懲役刑を食らったような期間でした。

私は寮生活経験者ですから、出来るだけ学生の意見に耳を傾けるようにしました。しかし殆どの先生方は学生を敵視してまともに向き合おうとしませんでした。そのような姿勢で学生に対応していましたから団体交渉では同僚委員と別の意見を言ってしまいます。その度に寮生が支持の拍手をするので、交渉の後の委員会では同僚の先生方からつるし上げ同様の非難を受けてしまいました。

ともかくようやく懲役四年の「刑期」を済ませることが出来ました。この時にしみじみと私はこう考えました。少しでも時間ができたなら研究に打ち込むようにしなければならない。そうしないといつまたどのような「刑期」を食うかも分かりません。このころにはようやく周囲の環境も落ち着きを取り戻し、授業の妨害もなく、会議に学生が押しかけてくることもなくなりました。

3 教育研究の空白

教育の研究の初めに手がけなければならないと思っていたテーマは「教育と戦争」でした。『きけわだつみの声』を大学に入って初めて読みました。そして私と同じ年齢の学生が国の将来を案じて亡くなっていったことを知りました。その学生の一人は次の言葉を遺して亡くなっていったのです。

空の特攻隊のパイロットは一器械にすぎぬと、一友人が言ったことは確かです。操縦桿を操る器械、人格も感情もなく、もちろん理性もなく、ただ敵の航空母艦に向かって吸い付く磁石の中の鉄の一分子に過ぎぬのです。理性をもって考えたなら実に考えられぬことで、強いて考うれば、彼らが言うごとく自殺者とでも言いましょうか。精神の国、日本においてのみみられることだと思います。一器械である吾人は何も言う権利はありませんが、ただ、願わくば愛する日本を偉大ならしめられんことを、国民のかたがたにお願いするのみです。

（市川良司、慶応大学学生、一九四五年五月一日戦死）

そしてまた別の学生はこう書き残して国に殉じて亡くなって行きました。

はっきり言うがオレは好きで死ぬんじゃない。何の心に残るところなく死ぬんじゃない。国の前途が心配でたまらない。いやそれよりも父上、母上、そして君たちの前途が心配だ。心配で心配でたまらない。皆が俺の死を知って心定まらずに悲しんでお互いにくだらない道を踏んでいったならば俺は一体どうなるんだろう。

（大塚晟夫、中央大学学生、一九四五年四月二八日戦死）

多くの学徒兵が特攻機に乗って出撃する前日に「日本の将来が心配で心配でたまらない」「どうかこの日本を正しく導かれんことを切にお願いするのみです」といって散っていったのです。どれだけ心残りだったことでしょうか。この学生の遺言を生かすことが私たち若い者の仕事だ、と思いました。大学院に入ってもっと勉強したかったのはこのことがあってでした。人間の命が「鴻毛」より軽いとされた時代。そのような時代を二度と繰り返さないことが私たちの任務だとおもいました。そのためにはもっと勉強してしっかりした歴史認識をもたなければならない、と決心したのです。

戦争は人間の生命を最も軽視します。教育は一人の生命を最も大切に考えます。ですから教育と戦争は対極にあるものです。しかもそれは抽象的な問題ではありません。実際にそういう現実が、歴史が発生し存在したのです。決して絵空事ではありません。この問題に取り組むことは教育の原点を問うことになるのだと確信したのです。

この考えは大学院の博士課程から構想を持ち、少しずつ取り組みだしていましたが、当時はこの課題に正面から取り組んでいる研究者は一人もおりませんでしたから先行研究が一つもありませんでした。また地方大学の付属図書館や公共図書館には戦争関係の資料や文献はほとんどありません。大学院に入って学会で東京にでて神田の古本街を覗くと欲しい資料が豊富にありましたが経済的に不如意で垂涎の思いで眺めるだけでした。そして念願の大学人、しかも思ってもいなかった資料収集ができる東京でしたから、喜び勇んで神田に通おうと思っていたところが補導委員会と学寮委員会です。計画は最初から頓挫してしまいました。

しかし、ようやく少し研究時間が取れるようになったので、研究計画を立ててみました。

（一）近現代の教育史

（二）近現代の教育思想

（三）近現代の教育実践

（四）諸外国の主な教育理論

幸い教員養成大学だけあって付属図書館には教育に関する文献はかなり揃っています。ですから時間さえあればこれらの研究はそれほど手間はかかりませんでした。ここで気がついたのは「近現代」とはいっても「昭和時代」とりわけ戦時下についての言及がほとんどないということでした。なかでも私が最も知りたかった「戦争」に関する研究が一つもないのです。

最近は「失敗の研究」という取り組みが真面目に取り上げられているそうですが、むしろこういう問題は教育の分野でこそ積極的に考えられていい問題だと思います。成功ばかり眼を向けるのではなく失敗や挫折という誰もが経験する問題こそ教育で取り扱われてしかるべきでしょう。一つの成功より百の失敗から学ぶべきものがあると思います。

私の好きな言葉の一つに「まさかの時の友こそ真の友」というのがあります。人間、普段はちゃらんぽらんでもいいが、肝心な時にしゃっきりすればいい、という謂です。最悪なのは普段も駄目で肝心な時も駄目というタイプです。教育学でいえば平時はともかく戦争というまさかの時こそ出番だ、という図式でなければなりません。ところが人間の生命は鳥の毛より軽く扱ってしまったのが日本の戦時下の教育でした。そして教え子を戦場に送ったのです。その「失敗」から学ぼうとせず、「肝心」な時の無様な姿勢の反省も自己批判も放棄したのです。

私は当然先輩たちがこの失敗を検証し、二度と同じ過ちを起こさない為の理論的考証を踏んでいるに違いないと思い期待して調べてみましたが驚きました。戦時下の教育に関する研究がまったくなされていなかったのです。唖然としてしまいました。しかし、嘆いても仕方ありません。独りでこの難問に立ち向かうことにしました。

それまで私は学問の世界のしがらみとか仕来りというものについて全く知りませんでした。大学人や研究者の世界も同様です。もし、これらの世界の知識が少しでもあったなら、このテーマに取り組むことに躊躇いを持ったに違いないのですが、このときはそのようなことは全く気づきませんでした。戦時下の教育をめぐる問題は教育界のタブーだったのです。そのことに気づいたのはずうっと後のことです。私はただ単純に「空白」になっていた戦時下教育の事実を明らかにすることしか考えていませんでした。そのことに気づかずたった独りでこの「昭和教育史の空白」に立ち向かうことになりました。

4 昭和史の研究

そこで先ず、昭和の歴史を学ぶことにしました。といっても中心は戦時下です。いろんな文献を集めましたが、なかでも『世紀の遺書』（巣鴨遺書編纂委員会編　一九五四年）と『極東国際軍事裁判記録』（雄松堂書店　全十巻　一九四六年）は貴重な資料で以前から欲しかったもので神田の古本街で手に入れました。いまでもこの文献はインターネットで入手可能のようですが、当時は足で探し続けてようやく入手したものです。

前者は今次の戦争で敗れた後、戦争犯罪人として東京巣鴨や横浜地裁および被侵略国各地の軍事裁判で死刑の判決を処刑された人々の遺書を収録したもので、中には遺書を書く紙と筆が与えられずワイシャツの襟に炭で書き残されたものもあります。戦争を引き起こしたA級の東條英機から、ただ上官の命令に従っただけの兵卒まで一〇六八人の遺言集です。これらの人々全てを単純に戦争犯罪人と決めつけることには賛成できませんが、後世の私たちは一度は目を通すべき歴史的な価値を持つ貴重な証言集だと思います。なお、同書は一九八四（昭和五九）年に講談社から復刻されていますが、この版では遺族の意向で掲載を拒否し削除されたものがありますので今後、この書を読まれる方は元版をお勧めします。

もう一つの『極東国際軍事裁判記録』は日本の戦犯を「人道に対する罪」（A級）で裁くために開設された裁判の速記録です。基本は英語版ですが私が手に入れたのは日本語版です。この裁判自体は勝者が敗者を一方的に裁こうとしたものでとても評価出来ませんし、かといって日本の無罪を主張したインドのパール判事を持ち上げる首相がいましたが、何か勘違いしていると思います。戦争に正義も正当もありません。

ただこの『極東国際軍事裁判記録』は戦前までの昭和史研究として多くの貴重なデータを提示してくれています。一九四六（昭和二一）年五月二日から一九四六（昭和二一）年一一月一二日まで延べ五百回近くにのぼる法廷の記録はそのまま昭和前史の第一級資料といっていいと思います。この新聞の縮刷版の活字全十巻八千ページを読み通し、ノートを作るのにたっぷり二年半かかりました。この記録を読んだことで私は昭和時代というもののイメージや歴史の歩みといった、これまでに持てなかった自分なりの歴史観が身についたような気がしました。この東京裁判に関する書物は沢山ありますが、やはり現物を読むと読まないとではそれらの文献の見方もずいぶん変わってくると思います。（余談ですがこの『極東国際軍事裁判記録』日本版第十巻は函はちゃんと「十巻」となっているのに現物の背表紙は「第三巻」と誤って刻印されています。図書館などで借り出す時は注意してください）

そして戦後についていては私自身の歴史と殆ど重なり合っていますので主観的になりすぎないように気をつければ昭和史全体を俯瞰できるわけです。主観的ということで感じたことはいわゆる戦争体験についてです。戦争体験を重視した教科書的存在は東京都の『東京大空襲・戦災誌』（全五巻）や『沖縄県史』（全二十四巻中「沖縄戦記録」一・二巻）が著名です。そのような記録を遺すことは地味であっても平和への願いを灯しつづける大切な仕事だとおもいます。

5 戦争体験

現在は戦争体験者の方々は総人口の三割程度になっているそうですが、私が戦争と教育というテーマに取り組みだした時は六割の体験者の皆さんからからいろいろと忠告や注意をうけました。いわゆる「戦争を知らない世代」が戦争という過酷な状況をきちんと認識出来るはずがないのだから、おまえが取り組もうとしているのは無駄なことだ、というような意見が支配的でした。

大学院時代に当時出ていた『展望』という有名な雑誌に、戦争体験者だけが戦争を口にするのは余計なことだという風潮を批判した原稿を投稿したことがあります。特に安田武という元学徒兵の論調に焦点をあてた原稿でした。しかし、やがて編集長と編集者のコメントがついて戻ってきました。戦争を知らない人間の戦争体験批判は説得力がない、という主旨でした。『展望』という雑誌はリベラルで識見のある雑誌だと思っていたので一寸がっかりした記憶があります。その原稿はいまでも行李の底に眠っています。

それと話は前後しますが三十年ほど前に『教育の戦争責任』という著書を出したとき奥付に生年と現住所を意識的に入れました。それはこのことがあったからです。生年は私が戦争体験者でないこと、住所は批判を直接もらえるようにするためでした。すると、読者の皆さんから批判やら支持のご意見をいただきました。批判の八割が戦争体験のない人間がこのような本を書く資格はない、というものでした。

この時代は私のような戦争体験のない人間が戦争について論ずることが殆どなかったものですから当然といえば当然の反応だったのかも知れません。しかし、私はこういう考え方はどうしても納得できませんでした。確かに経験というものはその体験者にしか分かりようがないでしょう。問題は戦争体験というものが個人的な次元ではなく戦争という国家的、歴史的問題です。換言すれば国民全体の問題でもあるのです。

一つ、具体的な例をあげたいと思います。初めて沖縄をゼミの学生と一緒に訪れたのは三十年ほど前のことです。観光ではなく沖縄戦の跡をたどる旅でした。首里城から出発して沖縄戦終焉の地、摩文仁《まぶに》の丘まで徒歩で歩き通しました。地下壕のアブチラ壕の入り口で合掌し、白梅の塔、健児の塔を詣で悲惨な日々を送った学徒の御霊に祈りを捧げました。あとで沖縄の方々から聞きましたが大和人《やまとんちゅー》がこうした戦跡を足で歩いたのは初めてだということでした。

また、出来るだけ多くの戦争体験を聞くように心がけサトウキビ畑の中のおじいさんや売店のおばあちゃんからもお話を伺いました。首里城近くに住んでいたというある老人から、思いがけないお話を聞いたのです。米軍が渡嘉敷島から那覇港近くに上陸したのは一九四五（昭和二十）年四月一日のこと、この古老はこの日夕刻、首里城から数キロ北の農場にいたそうです。そして月明かりで農作業をしていて、首里の方角から時々花火が上がっているなと思っていて、米軍が攻めてきたとは思わなかったというのです。

最も激しい地上戦の行われた沖縄で米軍上陸を知らず、あたかも花火が上がっているという話なんてとても信じがたいような気がします。しかし、この方がウソや作り話をしたとは到底思えません。経験したことをそのままお話になったと今でも思っています。

敢えて信じがたいような話を持ち出したのは現実にこのような事が起こっていた、とするなら、経験や体験というものは個別、固有なものであってこれを普遍化して一般化できないという事を素直に認めるべきではないかと思うのです。

もう一つ、挙げましょう。私はある仕事の関係で元少年兵だった方と知り合いました。彼は学校でたたき込まれた「聖戦」を信じて一日も早くお国のためになろうと一六歳で海軍を志願、戦艦大和に乗艦し万死に一生を得る過酷な体験をしました。その彼とは二人で明け方まで飲む関係でした。二十も年上の彼から海軍のこと、戦場のこと、戦争の不条理のこと、いろいろ教わりました。いつも聞き役でしたが戦争体験のことでは私の方が主役でした。少年兵の経験は戦艦内部の世界です。同じ軍人でも戦地で野営した兵士と指揮官、後方にいて鉄砲玉が飛んでこない本部でデスクワークしか知らない軍人、凍り付く北方と暑い南方の体験、戦争体験といっても個別、固有なのです。戦争体験者は自分の狭い範囲の戦争しか知りません。直接戦争を体験しない私のような人間の方が包括的に客観的に戦争というものを捉えることができるというのはこじつけでしょうか。元少年兵はしぶしぶでなくあっさりと私の考えに共鳴してくれました。「これからは君たちのような戦争を知らない世代が戦争とむきあわなければならない。体験ではなく想像力が大切になる時代になる」と言ってくれたのです。

昭和という時代を学び直してみて感じたのは、この時代こそ激動の時を経たのだな、ということでした。とりわけ一九三一（昭和六）年から一九六〇（昭和三五）年の間に戦争―敗戦―復興―安保体制という歴史の大きなうねりをくぐり抜けて来たのです。このわずか三〇年の間に日本人が経験したことは江戸末期の「開国」と「明治維新」以来のことでした。

なかでも一九四五（昭和二〇）年の八月一五日を境とした戦前と戦後の価値観の転換は正に劇的で

した。言い換えれば戦前の天皇制軍国主義から戦後の米国制民主主義への転換です。

戦前に正しかったことが戦後は誤りになりました。

6 戦争責任

敗戦の廃墟からいち早く巻き起こったのは、今次の戦争の責任問題でした。初期の頃は天皇の責任と天皇制に関する論争が行われましたが占領軍が天皇の戦争責任は不問にするという態度を東京裁判で示したためにこの論争は曖昧にされたままうやむやになってしまいました。その後は大まかに言って次の四つの方向から展開されました。一つは政治責任として二つは民衆の次元から、そして三番目には知識人の思想的責任でした。そして戦争責任について政治的なとどめとなった「公職追放」です。

第一の政治責任の主導権を握ったのは占領軍、実質的に米軍でした。戦争犯罪を裁く為に軍人・政治家・右翼民間人を相次いで逮捕しました。そして彼らを「極東国際軍事法廷」(東京裁判)と「B・C級戦争犯罪軍事法廷」(横浜裁判)に引き渡したのです。この動きは今次戦争の責任追及が厳然として行われたという環境を醸成させることに成功しました。

おまけに敗戦処理を担った時の総理大臣東久邇宮稔彦王が「今回の戦争の責任は軍にも官にもあるが全体的に言えば国民にもある」という「一億総懺悔論」を言い出して国民を煙に巻き政治責任の問題は一挙に鎮火してしまいました。

もう一つは国民、民衆の側からの責任論です。敗戦後、最も早く戦争責任の問題が提起されたのは新聞、それも社説やキャンペーン記事ではなく読者による投稿欄でした。当時の新聞はタブロイド判二ページという小さなものでした。そのなか最も読者が関心を持っていたのは読者の投稿欄でした。この当時は雑誌の発刊もなかったせいか、著名人が我先に投稿して活気にあふれていました。なかでも戦争責任論が火花を散らすように紙面を飾りました。画壇の戦争責任問題では藤田嗣次や宮本三郎といった第一線の画家たちが顔を出して論戦に加わって興味深い論争を繰り返していました。しかし、無名の読者もこの論争の輪に必死の思いで参加していました。私はそのうちの一人の投稿を忘れることは出来ません。それは「一億総懺悔」論に対する痛烈な批判でした

自分は帰還以来、二カ年、飛行機制作に全力を尽くしてきた。激しい空襲下にも無欠勤で部下を激励し、予定生産完遂に日夜敢闘し続けた。たった一人の老母を東北の山村に疎開させた時も、途中が気になって仕方がなかったけれども、結局一人で行かせた。母も途中が心細いけれども、会社を休むのは申し訳ないからと、一人でとぼとぼ田舎へ行った。あの時の姿は忘れられない。自分は一人暮らしの不自由に耐え、まずい外食に満足し、本土決戦近しの声に、家財道具も貯金も全部を投じて日本刀を買い求めた。いつでも斬り死にするつもりで。そして、終戦の聖断が下るまで自分は頑張り通してきた。配給上の不公正や各種事業に対する急不急の誤認、あらゆる窓口の不明朗など、戦力低下に拍車をかけたのはみな官吏ではないか。貴官達はどの口で、誰に向かって『反省しろ』

だの『懺悔しろ』だのと言えるのか。自分は涙をもって問う。特攻隊その他の戦死者の遺族、工場戦死者の遺族も、罪深き官吏と一緒に懺悔するのか、反省するのか。

（一工員「疑問あり」『毎日新聞』一九四五年九月八日付）

民衆による戦争責任を追及する最大の動きは一九四五（昭和二〇）年一二月八日、東京神田共立講堂で行われた「戦争犯罪人追及人民大会」でした。太平洋戦争開戦日に合わせて開催されたこの集会は天皇を初めとする皇族、軍、官、学界、言論界等一千人以上の実名を挙げ糾弾しました。このリストの一部は一二月一二日付の「アカハタ」に載っています。私はその全員の名を知りたくて探して見ましたが発見できませんでした。この日婦人代表で演壇に立ちその名簿を読み上げたただ一人の女性岸本みつ子の存在までたどり着けましたが残念ながらこの方は大会の半年後に急逝しており、肝心のリストは入手できませんでした。

しかし、そのわけはすぐ分かりました。一二月一二日付の「朝日新聞」の一面片隅に次のような七行の記事が出ていたのです。あまり小さい扱いなので見逃すところでした。それによると「日本共産党では去る八日戦争責任追及人民大会を開いたが、同大会議長黒木中央委員は十一日午後、吹田内閣書記官長およびマックァーサー司令部ルースト少佐を訪問。同大会で決定せる千余名に上る戦争犯罪人名簿を手渡した」というのです。多分、この名簿は今アメリカ公文書館の段ボールのどこかにあると思います。現在の私にはアメリカの公文書館まで出かけて調べる余裕はありませんが、それより重要なことはこのような大事なことを自らの力を結集して解決しようとせず、こともあろうに占領軍の権力に戦争犯罪人の扱いを委ねてしまったことです。当時、最も前衛的と思われていた共産党ですら「お上」に裁きを仰ぐという誤った考えをしたのですから、日本民族自身の手で戦争犯罪を追及する道はこれで閉ざされてしまったようなものでした。

第三の知識人たちの戦争責任は筆と口が立つ世界だけあってかなり賑々しく展開されました。なかでも文壇が最も活発な論争を繰り広げました。しかし、中身はというと自分のことは棚に上げて人を一方的に批判するというパターンの連鎖でとても本質的な戦争責任を追及するものとは無縁でした。それはまるで蛇と蛇がしっぽを同時に食い合っていくという醜い争いでしかありませんでした。或いはまた、自分の世界に知らんぷりをして確執のない無関係な世界の批判をして得意になるということもかなりありました。例えば文学者が画家を、ジャーナリストが大学教授を、というように自分には火の粉が降りかからないように自己保身を考えた批評が多かったのです。ともかく百人以上の論客が戦争責任論をぶちましたが、そこから何が生まれたかというと何にももたらされませんでした。私は言論界や文壇が真に戦争責任を歴史的にきちんと総括する必要性は今でもあると思っています。私は一度『戦争責任論集』という企画を構想し、ある出版社に持ちかけたことがありますが、著作権が障碍となって実現しませんでした。

第四の「公職追放」ですが、これは占領軍が戦前の国策に協力した軍人・官吏・右翼・団体などを戦後公職から排除しようとしたもので、その名簿の作成は日本の政府に委ねられました。初期は戦犯追放が主な目的でしたが朝鮮戦争を境に共産主義者の排除という方向に変わっていきました。前者はいわゆるブラックパージと言われおよそ二〇万人が追放になりました。私は専門外ながらこの資料の重要性に鑑みこれを『復刻・資料 公職追放』二巻に編集・監修しました。意外なことに日本では無視されましたがアメリカの複数の大学から問い合わせがあって驚きました。

この公職追放は調べてみると面白いことに気づきました。例えば追放名簿は日本政府が作り占領軍が承認して追放指令を本人に通知します。政府は占領軍に名簿を渡した段階で都道府県にそのコピーを配信します。都道府県は市町村にさらにコピーを配布します。一般に占領軍指令が本人に通知されるのに三ヶ月ほどかかります。この間に都道府県・市町村は対策をとるのです。例えば新潟県知事Aは戦前から知事を務めていましたが、戦後もそのまま知事を続けていました。追放は「新潟県知事N（野坂昭如の実父）」として来ます。そこでNはさっさと知事をやめて警察長新潟長官に横滑りをするのです。つまり追放指令書が届く頃には「新潟県知事N」は既に存在していませんからこの追放は無効になってしまうわけです。ですから追放二〇万人は実質的にその一割くらいだったと思います。この名簿に記載されている何人かに取材しましたが自分が追放名簿に載っていた事を知っていた人はいませんでした。ただ、ある人物は役場から仕事を変えろという忠告を受けて役場の斡旋で職場を移ったと証言していました。政府はアリバイとして二〇万の名簿をそのまま公表したのです。ですからブラックパージは実効性はほとんどなかったといっていいと思います。ただ、重要なことはこれによって占領軍も日本政府も戦前の国家からの脱却に努力をしたという痕跡を示すことが出来たということです。日本は着々と「配給された民主主義を実行している」と国民自身が錯覚するようにし向けることに成功したと言えるでしょう。

7 教育学者の戦争責任

占領軍は公職追放と同時に教職追放も指令します。その話は後回しにして先にこの問題に手を付けた前後の話をしておきたいと思います。実は教務補導部や学寮委員会で懲役刑を食っていたときにも心は研究のことで一杯でした。この刑期を終えたら何に取り組もうか、どのような研究方法をとろうか。取り組みたいテーマは沢山ありました。細切れに時間が取れるようなときに研究計画を少しずつ積み上げていきました。専門の社会教育では大学院時代からの青年教育とサークル論、特に生活綴り方による自己形成論。当時、私は偶然に国立市で借家生活をしていました。全国の社会教育実践のモデルとして国立公民館は高い評価を受けていました。その公民館の青年担当の職員から新しい青年学級作りに協力して欲しいと頼まれ、また地元青年団からも一緒にやろうと言われてその橋渡しを勤めていました。ですから社会教育ではしばらく実践に傾斜をかけようと考えていたのです。

一方、昭和時代への歴史的研究も手がけようと文献だけはせっせと集めていました。とはいっても歴史の専門家になるわけではないのでこれを基礎として教育の捉え返しをしっかりしたいと思ったのです。教育学にも教育史という専門分野はあるのですが、この研究方法と視点はどうも私には合わないのです。その具体的な事例が戦争と教育です。どの教育史の本を読んでも戦争と教育について本格的に論じたものが一冊もありませんでした。それどころか「軍国主義の煽りをうけて我が国の教育もまたそのファシズムの流れに巻き込まれていった」という他人事のような扱いばかりでした。満州事変から敗戦までに三十年も侵略戦争に塗りたくられた歴史があったというのに、その時代の記述をわずか数行で済ましている教育史が信用できなかったのです。

ファシズムこそ「まさか」の時です。普段はどうでも人の生命が「鴻毛」より軽く扱われる時こそ教育の出番だったはずです。教育は生命の尊さを教え守る学問だからです。この時の教育の姿こそ真価が問われるべきなのです。ところが実際にはこの時代のことは頬被りではありませんか。こんな馬鹿な「教育」があっていいはずはありません。ところが軍隊顔負けの「常在戦場」の実践が行われていたのです。文部省の役人ですら「こどもを平気で殺人者に仕立てるような教育をしていたら国は滅びる」と言っていたほど、現場はこどもを虐待し続けていたのです。これでは「狂育」です。

そこで集中的に戦時下に焦点を絞りその実態を検証することにしました。初めは学校現場と教師の実践を調べていったのですが、この「狂育」の元はといえば文部省です。そしてそれを正当化させている教育理論を編み出している教育学者も当然、検証の俎上に挙げなければなりません。戦時下教育史では文部省は取り上げますが、その理論製造者である教育学者は全く姿が見えません。ですから戦時下「狂育」については文部省と教育現場しか登場していなかったのです。

教育につきまとう偽善的な胡散臭さは小学校以来、ずうっと感じてきていましたが、教育学者について一度も疑問を持ったことはありませんでした。それどころか『原爆の子』（岩波書店　一九五二年）を編纂したのが広島大の長田新という教育学者だったこともあり、私の学部の先生方も立派な方々でしたからむしろ尊敬の念を持っていました。ただ、興味を惹くような教育理論にはお目にかかれませんでした。

前にもお話ししましたが当時の文献蒐集は足で集めなければなりませんでした。歴史と教育関連の古本を扱っている神田、お茶の水、早稲田などを丹念に歩いて確認するのに二、三年かかりました。地方の古本の情報はほとんど入りません。また、私の付属図書館は教育関係はけっこう集めてあるのですが教育学者や戦時下の資料は皆無でした。ですから国会図書館や目黒にあった国立教育研究所付属図書室を当てにするしかありません。東大の教育学部の図書室の利用を願い出たら断わられてしまいました。当時の図書館はいまほど開放的ではありませんでした。

時間と苦労を重ねながら少しずつ資料が集まり出しました。なかでも日本教育学会編『教育学論集』の「一、二輯」を見つけた時の喜びは喩えようがありませんでした。日本教育学会の設立は一九四一（昭和一六）年一二月、太平洋戦争勃発直後のことでした。その第一、二回の発表を収録したもので、とりわけ「第二輯」には倉沢剛、乙竹岩造、梅根悟、宮原誠一など戦後日本の教育に多大な影響力を与えた人物が相次いで発表しています。中身は天皇制と軍部讃美の理論です。普通「目から鱗が落ちる」といいますが、私はこの時に生まれて初めてこの体験をしたような気がします。大体、この言葉は普通は良い意味に使われるのですが私の場合は逆でした。一瞬、見てはならない、知ってはならないものに出会ってしまったようなとても信じられない気持ちでした。なにしろ、どの教育史にも一言も出てこない事実が目の前にはっきり現れたのです。

特に一九四三（昭和一八）年一二月二六日に行われた第二回大会の発表では皇民翼賛に基づく国策便乗の色彩濃厚な論文がずらりと並びました。それは本文を読むことなく題目を見るだけで十分です。

古典と我が教学の精神……………石三次郎（東京高等師範学校教授）
日本教育の所在……………………後藤三郎（日本大学教授）
教学刷新運動と理想主義の再興………佐藤正夫（奈良師範学校教授）
総力戦教育の理論…………………倉澤　剛（東京高等女子師範学校教授）
洋学派先覚の研究態度と教育精神……乙竹岩造（東京文理科大学名誉教授）
錬成の本義…………………………赤堀　孝（早稲田大学講師）
学校の道場的性格について…………武田一郎（奈良女子師範学校教授）
学道に於ける初心の問題……………中山一義（慶応大学講師）
統制と伝統─教育政策の根本問題─……梅根　悟（埼玉県川口中学校校長）
勤労青年の教育について……………宮原誠一（法政大学講師）
朝鮮に於ける初期の伝道教育………秋月孝久（京城師範学校教諭）

三統合の始源と展開……………入澤宗壽（東京帝国大学教授）

とりわけ倉澤と梅根の論文は読むに耐えないお粗末な煽動的な内容です。ここでは倉澤剛と梅根悟についてだけ簡単にお話しします。倉澤は私が学芸大学に着任したとき、教授として同じ講座にいたのです。ただ、私は三月一日に発令になったのですが、彼はこの年四月一日で退官してすれ違いになってしまいました。ですから一言も口を利く機会はありませんでした。

倉澤はこの時の論文を元にして『総力戦教育の理論』（目黒書店　一九四四年）という五〇〇ページの本を書いています。この出版の翌年が敗戦です。なにが「教育は国家百年の大計」でしょうか。「われわれの総力戦国家は第一に皇国の何たるかを弁えて臣民の道に徹すること、私に背いて公に向くこと、一旦緩急あれば義勇公に奉ずること、この至誠尽忠・皇運扶翼という皇国の伝統的な精神力に向かって錬成されなければならない」このセリフは戦時下教育論の典型ですが、それにしてもなんという教育論でしょうか。彼は退官後、名誉教授にしてくれと講座主任に申し入れてきたそうです。当時は今と違って名誉教授は選考基準が厳しくて簡単になれなかったのですが天皇の「御前講義」をするからといって強引に掛け合ってきたそうです。主任から直接聞いた話です。私ごとですが、私は自分から名誉教授を辞退しました。それはこの話と少し関係があるのかもしれません。

梅根悟はご存じの通り戦後は民主教育のリーダーとして華々しい活躍をしました。日教組の講師団の中心的役割をはたし、日本教育学会会長、和光大学学長などを歴任しました。戦後日本の教育界を牽引したといっても過言ではありません。

しかし、戦前の彼の「大活躍」ぶりは戦後のそれを遙かに凌駕するものでした。川口中学校は全国に猛烈な錬成をやる学校として有名でした。それを主導したのは梅根悟です。公職追放の際、彼も指定されましたが、直前、川口市の助役に横滑りして追放を免れています。その彼は敗戦後になって初めて書いた『新教育への道』では戦前の教育について「小学校の統制主義がだんだん上に波及して、大学まで、小学校みたいに動きのとれない束縛の下に金縛りにあったこともありました」と他人事のように言っています。教育学会で梅根悟はこう発表していたのに、です。「事態は微温や日和見を許さない、切迫した戦力増強への総力体制強行の時である。一日も早く教育の全面的国家管理を強行し、確固たる計画的教育政策を断行すべき時である」

私の教育学者への戦争責任問題はこうして少しずつ進められました。私が調べることが出来たのは阿部仁三、安藤堯雄、石山脩平、長田新、海後宗臣、海後勝雄、倉澤剛、小西重直、小林澄兄、重松鷹泰、皇至道、宮原誠一、宗像誠也、矢川徳光ら一五人でしたが、このうち数人はまだ健在で活躍中でした。おそるおそる取材を申し入れたのですが一人として会ってくれませんでした。返事すらもらえなかった御仁もいます。これらの方々はいい意味でも悪い意味でも日本の戦前から戦後の教育を引っ張ってきた人々です。戦前と戦後では全く逆のことを言い出した人、時代が変わっても言うことを一貫させた人、それぞれ異なりますが彼らに共通していることが二つありました。第一は彼らはこどもや教え子を守り育てる責任を果たそうという気持ちはなかったということです。ただひたすら自分の保身と栄達を考えたということ、そして戦時下の自分の責任について頬被りを続けたということです。彼らにとって教育理論というのは軍国主義から民主主義という帽子を取りかえることほどの出来事だったのです。

この過程で考えさせられたことのうち、最も気になったのは、私ではなく、もう一つ前の世代がこの問題に取り組んでいてくれればということでした。そうすればどうしてあのような不様な国策に便乗したのか、もっとましな研究をするためにあの戦争から何を学ばなければならなかったのか、もう少しましな教育学を築けたのではないかと思うのです。

しかもこれらの世代は教育のこうした「空白」に気づかなかったのではありません。恩師へのおもねりとへつらいで大事な問題から目をそむけたのです。つい最近亡くなった某大学学長は我が国最初の教育学博士でした。その彼が「あの野郎！」と私のことを蔑んで言っていたという話をそこの院生から聞いたことがあります。恩師思いの氏は私からの批判が許せなかったのでしょう。しかし、私はその恩師のこどもと国民への裏切りを許さないことの方が大事だと思っています。

余談ですが私はこの問題を最初は大学の「紀要」（専門論文誌）に二度にわたって書きました。しかし紀要は一部の人間しか目を通すことは出来ません。そこでいままで思っても見なかった出版を思いつきました。当時、児童文学者で同じ戦時下教育を問い続ける著書を出していた売れっ子の作家某とある新聞で座談をやった関係で出版の話を持ち出すと迷惑そうに「紀要に書いていればいいよ」と軽くあしらわれた事を思い出します。結局、出版はある歴史学者の口添えで辛うじて陽の目を見ることが出来ました。

公的な形で戦争責任を問う動きはなかったわけではありません。占領軍の指令で公職追放が行われたことは既にお話ししましたが、実はこれより早く占領軍は「教員及教育関係者の調査、除外、認可に関する件」（一九四五年一〇月二九日）を通達、軍国主義に荷担した教育者の追放を指示しています。このため日本政府は「教職適格審査委員会」を設置し、教職追放に乗り出します。例えば「大学教員適格審査委員会」も設置され東大を始めとして全国の大学は委員会を設置し、審査を行ったのです。勿論、本学にも設置されました。全部で二二一名が該当者として審査されましたが、結果は全員「無罪」となっています。あの倉澤剛ですら糾弾されなかったのですからこの審査会の性格は推して知るべしでしょう。大学全体では二四五七二人が審査対象になりましたが最終的に「有罪」となったのはわずか八六人でした。これも公職追放と同じで追放になったA大学教授はB大学教授になりすまして実質的な罰は受けていません。

たまたま私はこの審査会の資料、文部省人事課適格審査室長を務めた相良惟一から『教職員の適格審査に関する記録』の提供を受けることができました。そのおかげで教職追放に関しては貴重な事実を明らかにすることが出来ました。ただ、相良室長（取材時は聖心女子大学長）の話ではこの審査の際の「被告人」から提出された「弁明書」が大量過ぎて審査室が解散される直前に焼却処理したとのことでした。これがあれば「被告人」がどのような責任逃れの言辞を弄していたのか、知ることが出来たのに残念に思いました。

また長野県で審査会委員長をした森本弥三八という人物にも取材しました。詳しいことは著書に書きましたので省きますがこれらの資料と取材を通じて分かったことは要するにこのような審査は本当の戦争責任を明らかにしようとするものでなく単に形式的に戦争責任追及をしたというアリバイ作りに過ぎなかったということです

焼却処分と言えばある人物からの電話を思い出します。この人物の名は平沢薫、東京教育大学名誉教授、某短大学長を務めたことがありました。電話は十年ほど前のこと多分彼が八十歳を超えていたと思います。最近になって私の戦争責任の研究を知った、ついては会って話したい、というのです。彼は文部省に顔が利く権力寄りの人間ということを知っていたので好きになれない人間でした。ですから丁重に断りました。するとまた電話がかかってきました。病気がちで外出もままならないから電話で話したい、といって二つのことを話しました。ここではその一つをお話します。私の研究の中で挙げた人物のうち宮原誠一について「あなたは遠慮して控えめに書いているが私の知っている彼は自分のことしか考えない冷酷なエゴイストだ。」といってある人事の実例を話しました。その中身は省きますが噂に聞いていたことが本当の事と知って驚きました。そしてこうも付け加えたのです。「彼は戦後、助手に命じて戦前に書いた本と論文を東京中から集めさせて自分の庭で焼却したそうだ。この助手から直接聞いた」この話も噂で聞いたことがありますが、確認のしようがなかったから取材で得た次の話も書きませんでした。それは戦後まもなく宮原ゼミの大学院生が「先生、喜んでください、先生が戦前書かれた本を古本屋で見つけました」すると宮原は喜ぶどころかプイッと席をたったまま

ゼミに出てこなくなった、という話もです。その本とは教育と文化の国家統制を正当化した『文化政策論考』（一九四三年）です。私は必要な大抵の資料文献は蒐集しましたが焼却処分が徹底していたせいかこればかりは国会図書館のお世話になりました。

電話をくれた半年後、平沢薫から一冊の本と手紙をいただきました。手紙には「これからあなたの時代です。学問というバトンをあなたにお渡しします。」とありました。彼はこの一ヶ月後に亡くなりました。

8 教師の戦争責任

次の詩は戦時下教師をしていた竹本源治によって書かれたものです。

戦死せる教え児よ

逝いて還らぬ教え児よ
私の手は血まみれだ！
君を縊《くび》ったその綱の
端を私も持っていた

しかも人の子の師の名において
嗚呼！
「お互いだまされていた」の言訳がなんでできよう
慚愧、悔恨、懺悔を重ねても
それが何の償いになろう
逝った君はもう帰らない
今ぞ私は汚濁の手をすすぎ
涙をはらって君の墓標に誓う
「繰り返さぬぞ絶対に！」（高知県教職員組合『るねさんす』四四号　一九五二年）

この詩に感銘を受けない人はいないでしょう。日教組も遅まきながら「教え児を再び戦場に送るな」というスローガンを掲げたと胸を張っているようです。竹本源治の詩による誓いは全く異論はありません。このスローガンを活かすためには教師がどうして国家・軍部にだまされたのか、どうして教え児を戦場に送ったのか、その実態と構造を冷静に分析、同じ過ちを繰り返さないための検証が必要だったはずです。

私なりにこうした暗くて地道な研究を重ねたつもりです。「満蒙開拓青少年義勇軍」もその一つでした。一六歳のいたいけなこどもたちを地下十メートルも凍り付く満州に送り出したのは軍人ではありません。官吏でもありません。競い合うように率先して国策に飛びついたのは教師なのです。金沢嘉一、東井義雄といった戦時下、熱血教師として活躍した教師の検証をしたのは、それこそ二度と同じ過ちを繰り返さないためです。軍国主義教育の払拭として捉えられている「墨塗り教科書」の一字一句を吟味して杜撰さを明らかにしたのも、歴史のごまかしに目をつぶってはいけないことを証明したかったからです。

竹本の決意を真に活かすつもりなら、どうして日教組は教師の戦争責任に目をつぶってきたのでしょうか。その証拠をあげましょう。私が教育の戦争責任に関わる研究を発表したときに出版社の社長（彼は海軍中尉、広島で被爆）が息せき切って電話を掛けてきて「先生！気をつけてください。日教組が先生の本を危険呼ばわりしています」というのです。あっけにとられるというのはこういうことを言うのでしょう。私は文部省の為にも日教組の為にも研究しているわけではありません。日本民族と国家の為に真実を追究しているだけです。しかし、竹本の遺志を継いでいるという自負だけはありましたが、その私が「危険分子」呼ばわりされたのにはさっぱりわかりませんでした。

戦時下、熱烈な錬成教育をやった先生方に会ってみると、とても温厚そうで戦前の姿を彷彿することはできませんでした。そして彼らに共通していたのは「真面目・熱心・誠実」という性格でした。ただ、彼らはその性格をこどもたちに向けず「国家」に向けたのです。そして国家は教師の「真面目・熱心・誠実」性を巧みに利用したのです。

教育の原点は人間の生命を守ることです。学校にやってくる子どもに生命の尊さを説き、実践することです。教師がこどもから目を背け、国家に目をむけたならまた同じ過ちをくり返すでしょう。

9 歴史と責任

私のしてきたこうした一連の仕事に対しての批判は大きく分けて三つほどありました。

一つは過去をほじくっても意味がない、というもの、これが一番多かったのです。しかも現場の教師達の反応です。私の答えは簡単です。過去を蒸し返すな、というのは歴史から学ぶな、と同義です。人類に進歩は無駄だといっているのと同じ事でしょう。こういう人々が過ちをまた起こすのです。

二つ目は、私が取り上げた人々は戦後、一生懸命名誉挽回を果たした。それで贖罪を果たしたのではないか、というものです。これも答えは簡単です。彼らの取るべき道は黙って私たち若い世代に道を譲ればよかったのです。それをわたしたちの前にはだかり妨害さえしたのです。年寄りの仕事は若い世代に道を空け、後方から支援すればよいのです。私はA級戦犯だった岸信介が首相になったとき深い失望感を抱きました。ところが教育界はA級戦犯の梅根悟を日本教育学会の会長に選んだのです。教育界が歴史の責任を果たす自浄能力を持たずに教育を語る資格はありません。

三つ目は「苦渋の判断」という意見です。彼らは自分の冒した過ちについて悩み苦悩した。それで許してやるべきではないか、というのです。人生には過ちはついて回るし、再起を認めることも必要だという考えに異論はありません。ただ、条件があります。前項同様、若い世代を支援するということとと、無駄口を利いたり人の前にでて出しゃばるな、ということです。熱烈な錬成教育で全国に名を馳せた林進治という教師は何冊もの錬成に関する著書を残していました。彼は私に「あの時代を知らないあなたから批判されるのは心外だ。あなたならあの時代何が出来たのだ」と言いました。あの時代には戻ることは出来ませんが、いまの私ならこどもを戦地に追いやるような本だけは書かなかったし書くべきでなかったのです。饒舌と出しゃばりは歴史の判断を歪めるもとです。

戦後四二年も経って『総力戦体制と教育』（寺崎昌男・戦時下教育研究会　東大出版会）という総数四五九ページもの研究が発表されました。「戦時下研究会」という存在も知りませんでした。ようやく、戦時下研究が教育界の俎上にのるようになったか、と期待してページを開きますとこの研究は「戦後民主主義教育の立場に立って戦時下教育を裁断するという従来の研究にありがちの方法をとらない」というのです。表現は婉曲ですが、これは私の仕事への批判です。東大を中心に教育学者が徒党を組んで、むりやりこじつけて戦時下教育の「正当化」をはかろうとした論文集です。教育界の戦争責任に対する自浄能力にはあまり期待しないほうがいいかもしれません。

私は講義が嫌いで学生から「横着者」呼ばわりされていることはうすうす知っていましたが、こと戦争と教育というテーマで講演を求められたら手弁当でも出かけようと決心をしていました。ところがこの三二年間のうち教職員の組合からの講演依頼は一つも来ませんでした。すくないのではっきり覚えていますが大阪、札幌、藤沢、八王子、世田谷の五カ所だけでした。それも組合を使うと差し障りがあるので教員有志というのです。これでは竹本の遺志は活かされないのではないでしょうか。

その後、私は「国民学校」「国民精神総動員運動」に関する著書をまとめこのテーマに一区切りをつけることにしました。十年の歳月が流れていました。出来れば沖縄の問題も手がけたかったのですが、それは果たせませんでした。

芭蕉に

「この道や行く人なしに秋の暮れ」

という句がありますが、当時の私はそんな心境でした。

暗澹とした思いで、私は戦争と教育というテーマに区切りをつけることにしました。最初に出した本の初版の「あとがき」に「本当にしたいと思った仕事はこんなことではなく、真実、民族を豊かな文化に導く教育論を書くことであった」と生意気なことを書きましたが、それにはすこしばかり本音が入っているのです。

なお、念のために一言付け加えておきますが今後も「講演」はやるつもりはありません。せっかく講義から解放されて自由の身になったのですから、人前に出るのも最小限にして自分の生活を愉しみたいと思っています。

【本章の関連文献】

1　日本戦没記念会編『きけ　わだつみの声』岩波文庫

2 巣鴨遺書編纂委員会編『世紀の遺書』同会　一九五四年
3『極東国際軍事法廷速記録』全十巻　雄松堂　一九四六年

【本章関連の拙編・著】

1『教育の戦争責任―教育学者の思想と行動』大原新生社　一九七九年
2『日本ファシズム教師論―教師たちの八月一五日』大原新生社　一九八一年
3『国民学校の研究―皇民化教育の実証的解明』明石書店　一九八五年
4『昭和教育史の空白』日本図書センター　一九八六年
5『国民精神総動員の思想と構造―戦時下民衆教化の研究』明石書店　一九八七年
6『復刻・資料　公職追放』全二巻　明石書店　一九八八年
7『民衆教化動員資料集成　国民精神総動員運動』全三巻　明石書店　一九八八年
8『史料　国家と教育―近現代日本教育政策史』明石書店　明石書店　一九九四年

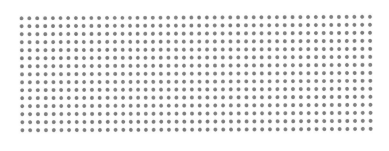

第四章　文化と学問

教育学の歴史的敗北という内省から取り組んだのが、
もう少し視野を拡大して
日本の文化と学問から学び直すということでした。
特に柳田國男と宮本常一の学問は
日本とは何か、日本人とは何かを問うた偉大な学問です。
祖国と学問を考える上で、このお二人の遺された学問を
後に続く人々が受け継ぐことが重要な事だと思います。

1 柳田國男研究

ようやく辛気くさい研究に別れを告げて本来取り組みたかったことに時間を振り向けることが出来るようになって真っ先に取り上げたのが民俗学者の柳田國男でした。なぜ柳田國男かというとその理由は三つあります。

第一に信用できる学者だということです。戦前と戦後、柳田國男の主張・理論は少しもぶれませんでした。ご承知のように戦前と戦後では価値観がまるで違います。具体的にいいますと例えば戦前から戦後に活躍した作家で「全集」を出せる人はほんの一握りです。それはどの分野でも同様で、教育学者ときたらただの一人もいません。そんななかで柳田國男は一字一句の修正もしないで全集を出せる希有の学者なのです。ただ、一本だけ気になる文章があります。それは「特攻精神をはぐくむ者」(『新女苑』一九四五年三月号)という原稿です。これはどこから読んでも特攻隊の讃美としか読みようのないものです。しかし、柳田はこの原稿をちゃんと定本に入れています。(『三一巻』)他の学者、作家は大抵知らん振りをして削除した「全集」にしていますが、この点でも柳田は立派な学者だと思います。

第二に柳田國男は民俗学者と言われますが、実は研究の発端は人間への興味・関心からだと言っています。「趣意のないことをしない人間はいない」というのが氏の口癖でした。自分の学問は心理学・歴史学そして文学の中間だともいっています。つまり人間の考察が柳田学の中核にあるのです。役に立たなかった日本教育学よりはるかに意義のある学問でしたから、私は先ず柳田学から自分なりの教育学の再興を考えようとしたのです。

第三に戦時下の日本の教育学者と教師達は教え児を戦場に送るために汲々としていましたが、柳田は逆にこどもを守ろうと『村と学童』（一九四四年）を書いていました。学童疎開で淋しがっているこどもに読み聞かせてもらいたいと思って空襲に怯えながら生命がけで書いた本です。これだけでも柳田國男という人間は信頼に値します。

第四に、晩年、柳田は小・中・高の社会科と国語の教科書を編纂しています。これをしても氏を誰よりも立派な教育家とみるのは当然だと思います。

私の仕事は先ず『定本柳田國男集』（全三五巻　筑摩書房）を読むことでした。一冊に普通の単行本にして五，六冊分の内容が詰め込まれています。これをノートを取りながら読み進めました。柳田の文章を名文だという柳田研究家がいますが、私に言わせればとんでもない話だと思います。多分、この研究家はお世辞が好きか平凡な読者が読んで分からない文章を名文と勘違いしているのでしょう。柳田の文章は一回読んで理解できることはあまりありません。その解釈をしながらの読書ですから他の著者たちの数倍時間がかかるのです。気がついたらこの作業を終えた時には三年の歳月が流れていました。

2 柳田の教育論

柳田の教育論は明快です。

（一）教育の目的は平凡人を育てることだと柳田は言います。旅の好きな柳田は地方を歩いて一番がっかりするのは村人達が「オラが村からこんな英雄が出ている」と自慢されることだ、と言っています。人が育つというのは人を追い抜いて出世するということではない、つましくとも平和で幸せな人生を送れることが大切なのだ、教育はそのためにあるというのです。このために学校でも子ども達に背伸びさせず生きていく知恵をゆっくり育むことが大切と考えたのです。ただ、一言付け加えておけば、これは義務教育レベルの話です。エリート教育を全面否定しているわけではありません。氏の作った高校の国語の教科書は大学の教養課程に匹敵する高度なものです。

（二）教育の方法はこどもが疑問を持つことを奨励することだというのが柳田の主張です。こどもが「分からない」ということを言う勇気を誉めてあげる環境が学校だといいます。疑問を持たせその疑問についてこども同志あるいは教師がその解決のお手伝いをするだけで良いというのです。私が常に疑問を持てということを教えられたのは大学でマルクスという学者の本を読んだ時でした。後に『やまびこ学校』の実践をした無着成恭という先生もこどもたちに「いつもなぜ、と考えよ」という指導をしていたことを知りました。

（三）また柳田は「話というものは三分で終えなければ話す側の責任」だということも言っています。学校では読み書きそろばんばかりやっているが話し方というのも教科に入れるべきだというのが柳田の頭にあったのでしょう。

戦後、柳田が文部省から新設される社会科について意見を求められたとき、そのようなこむつかしい名称でなく「世の中」にしたらどうか、と答えています。石頭の役人には理解出来なかったのでしょう。また、柳田は新しい教科として「ともだち」を設けるべきだと提唱しています。人間関係というのは私たちにとって生涯抱える問題です。こどもにその大切さと楽しさを伝えてあげてはどうかという提言です。これも無視されましたが、柳田は小学校社会科の教科書に「人間の一生」という章を起こして「ともだち」という項目を入れています。目先に囚われて教育の本質を忘れている現在、柳田のこれらの教育論はいまこそ見直し再評価されるべきだと思います。

3　柳田の学問論

それにしても柳田の遺してくれた文化と学問の森は突き止めようとしてもその行き着く果てに到底たどり着くことは出来ません。それほど奥深く、重厚な研究をわたしたちに示してくれました。名前はあげませんが「柳田には○○が欠落している」という調子で偉そうに柳田批判をしたり、贔屓の贔屓倒しのような研究もありますが、真摯に柳田学から学ぼうとすればまだまだ日本の文化と学問の向上に貢献できると確信を持っています。

南方熊楠という学者がいます。彼は学校が嫌いで東大に入ったものの（夏目漱石と同期）渡米しサーカスで通訳をしながら大英博物館の助手をし、帰国後は紀州田辺で粘菌研究を続けていましたが、その博識さは柳田を凌ぐとまで言われました。一度だけ二人は会いましたが南方が酩酊していて会話にならなかったという逸話が残っていますが、その南方に柳田は書簡で教えを乞うこともあったと言います。二人の学問は柳田が日本という国土と民族を足場にしたのに対して南方は世界という視点そして粘菌という生命の原点を足場にしたという点でずいぶんとスケールの大きい学者の存在を思い知らされます。

それというのも最近の研究者はあまりにも近視眼過ぎて目先のことばかり追ってしまっているように思えてならないのです。おそらく柳田も南方も自分のことより日本の将来、人間の将来を見つめ続けていたと思います。それから比べると私の研究は何をやっているのか暗澹とした気持ちにかられてしまいます。

東京成城の自宅に（現在は飯田市に移築）突然訪れた一人の大学生を書斎に招じ入れて長時間話し相手になり別れ際に「君、結局、学問はいたわりだよ」と言ったという柳田、私はこの言葉の本当の意味をまだ解き明かしていません。この巨人の言葉が私のような人間に分かる日はくるのでしょうか。

前の研究段階同様、せっせと神田古本街を歩いて柳田の文献をあつめました。特に『定本』に収録を認めなかった文学、座談、講演を重点的に集めました。それらは『教育論集』と『文化論集』に編集して出版しました。後者はある老舗出版社の社長の企画「私が選んだ戦後名著百冊」に選ばれたのは光栄でした。私が集めた柳田国男の文献や資料は全て大学に寄付しておきました。何かのお役に立てていただければと願っています。

そうそう、一つ面白いお話をしておきましょう。柳田國男の名は戦前から有名でしたがそれは民俗学者という限定された評価でした。その柳田國男を文学と歴史家そして近代思想家という別の次元で再評価したのが橋川文三の『日本浪漫派批判序説』など一連の著作での柳田評価でした。私はある会で橋川文三と一緒に仕事をしたり飲んだりしました。ビール党の彼はいつも大ジョッキを抱えるようにして嬉しそうに飲んでいました。隣の席になったときにこう聞いたのです。「柳田國男を全部読むというのは大変だったでしょう」私は三年もかかりましたから彼がどのくらいかかったのか興味があったからです。すると彼は「え、全部? 僕はあの厚いやつ全部は読みませんよ。せいぜい三、四冊ってとこ」と答えました。才能がなくて全部読んでも分からない人間、才能があって三、四冊で理解してしまう人間。とても印象に残った場面でした。

4 宮本常一研究

宮本常一と柳田國男がどういう関係なのか民俗学に関心がなかった私は知りませんでした。ただ、現在も刊行中(出版は一九八六年から)の『宮本常一著作集』を購入し始めたのは一九七三(昭和四八)

年の五刷版からで、いわゆる「積ん読」だけでした。この当時は出来るだけ幅広く教育関係以外のいろんな知識を吸収しようとどん欲に書物を集めていましたから、その一環というだけで特に宮本常一に関心があったというわけではありませんでした。ところが柳田國男研究の過程で宮本常一との深い繋がりあるのを知って、いずれ落ち着いたら読んでみようという程度だったのです。実際に手に取って読み出したのは一回目が一九八五（昭和六〇）年でした。どうしてその年が分かるかというと私は書物を読み終えるとその年月日を本の奥付に記す癖があるからなのです。二回目は一九九三（平成五）年に読んでいます。

かいつまんで言うと大阪近郊で小学校教師をしていた宮本が田舎の伝説や聞き書きを当時柳田國男が主宰していた『旅と伝説』に投稿したことから始まります。「人生とは出会いである」というカロッサの言葉を持ち出すまでもなく、人との出会いは人生を変えることがあります。宮本の人生はまさに柳田との出会いで決まりました。まだ会ったことのない田舎教師の原稿を読んだ柳田は自分の著書三冊と長い手紙を書いて送ったのです。多忙な柳田は返事が必要な場合はほとんどハガキで済ましています。手紙を書くのは南方熊楠とか長谷川如是閑、緒方竹虎、前田多門といった錚々たるメンバーに限られています。ですから宮本への対応は異例中の異例だったことが分かります。

つまり柳田は初めて見た宮本の原稿を読んで彼の才能を見抜いたのです。そして何度も上京を促しますます。この当時の宮本は人見知りする人間だったようで何度の催促にも宮本は首を振りません。柳田が還暦祝いの代わりに民俗学講習会を東京で開いた際にようやく宮本は上京し柳田と顔を合わせます。この時、講習会には全国から百人以上の民俗学愛好家たちが集まりますが、柳田は宮本を新宿に連れ出し中村屋で二人きりで食事をするのです。結局、二人は半日、語らいあったのでした。これもまた破格の扱いです。こうして二人は民俗学を共有しその発展に多大な貢献をすることになりました。

ところが宮本にはもう一つの出会いが待っていたのです。それはこの講習会に集まってきたメンバーから「渋沢敬三」という面白い人物に会ってみないかと誘われて、渋沢邸に出かけました。渋沢は学生時代から博物的興味を持ち、日本各地を歩いて自宅に「アチック・ミュージアム」を設け古具の蒐集を続けていたのです。将来はこの道を進みたかったのですが明治以来、経済界の指導的立場にいた祖父の栄一から「お前のような人材こそ経済界に必要だ」と説得され、以降大蔵大臣、日本銀行総裁を歴任、日本経済に大きな足跡を残しました。その敬三が宮本を一目見て直感的にその才能を発見します。

出会いもさることながら、人を発見するということ、あるいは発見されるということはその人の人生を左右する場合があります。政治はもとより学問、文化の世界でも人の発見は、それらの世界にとって不可欠のものなのです。どれだけ才能があってもそれを発見してくれる人がいなければそのまま埋もれてしまう事になります。ですから「人の発見」は社会の発展に非常に大切な要素というべきなのです。ただ、残念なことに現在は無能な人ばかり「発見」されすぎて社会全体が汚濁しているような気がします。柳田や渋沢のような「人の発見」が出来るような社会の「発見」が求められていると思います。

5　学問の偏り

少し大げさに言えば今でも柳田國男に関する本は一ヶ月に一冊ほど出版されるといわれるほど柳田研究はとどまるところを知りません。それは柳田学が民俗学にとどまらず文学・哲学・歴史・心理学など広範囲な性格の学問でもありますから、当然のことかも知れません。中にはこの著名性に目を付けた便乗屋も出てきていますから真偽を見極めることが必要になってきていると思います。綱澤満昭という方が『柳田國男讃歌への疑念』（一九九八年　風媒社）を著して過度な柳田学依存へ警鐘を鳴らしています。

一方、宮本常一となると、ようやくごく最近になって注目されるようになってきたばかりです。確かに柳田國男と比べるとあまりにも柳田が偉大なせいか〝見劣り〟するのかも知れません。柳田が東大―農林省高級官吏―島崎藤村などの文学仲間―貴族院書記官長―朝日新聞論説委員―文化勲章という超エリートの道を歩き続けたのに対して宮本は小学校卒―郵便局下級役人―大阪師範学校卒―小学校教師―渋沢敬三に私淑―放浪の旅―五四歳で多摩美術大学教授（初の定職）というように対照的な生涯を送りました。

私が柳田國男研究を始めて十年ほどして宮本常一研究にかかりました。それで驚いたのですが宮本常一に言及した書物はもとより論文一本すらなかったのです。私のような民俗学に素人の人間でさえ宮本の遺した仕事の偉大さは認識できました。それを周囲はどうしていたのでしょうか。学問は「無知の相続」だと言ったのは柳田です。学問というものは継続されなければ成果は望めない、という主旨です。柳田は多くの後継者に恵まれました。宮本のそばにいて一緒に仕事をしていたある教授にその理由を糺したところ「宮本先生はぼくらにとって大きすぎる存在でしたから」と言うのです。これでは無知の相続は途絶えてしまいます。

そこで私は誰も宮本研究をやらないなら自分が取り組んでみよう、という気になりました。先行研究もなく専門分野でもない宮本の研究に取り組むというのは一つの冒険です。とんでもない勘違いの解釈をして道を誤る可能性が高いのです。それであっても宮本の研究をこのまま埋もらせてたまるかという気持ちで取り組みました。幸い、多摩美大や宮本の郷里の人々からの協力を得て貴重な資料も提供していただきました。柳田の文体は難解で読み解くのに時間がかかりましたが宮本のそれは簡潔明瞭です。彼の直筆の原稿を見せてもらいましたが驚いたのは原稿に「直し」が一切ないのです。自宅の書斎であろうが旅先の暗い物置小屋であろうが原稿の書き直しはありませんでした。ちょうどモーツアルトのスコアのようです。書くべき事が既に頭の中できちんと整理されていたのには感銘をうけました。

その成果をまとめたのが『彷徨のまなざし』でした。これまで私の著書は『＊＊の研究』式の堅物ばかりでしたが、この時ばかりは著述に入る以前に決めていたこのタイトルにしたのです。私の著作が出た翌年佐野眞一というドキュメンタリー作家が『旅する巨人—宮本常一と渋沢敬三』（一九九六年文藝春秋社）を著しベストセラーになって宮本の名は一気に広まりました。ただ、佐野は人物論に重点を置いていますが、私は学問論を提起しましたからちょうどバランスがとれたことになり満足しています。

その後、佐野は宮本の遺した資料などを相次いで公刊、次第に宮本はようやくその仕事を評価されるようになりました。もし、佐野の強力なバックアップがなかったなら宮本常一はその偉大な業績を知られずに埋もれたまま置きざられ忘れられていたでしょう。

柳田学については私はいくら学んでも尽きることのない奥の深いものがあると思っています。しかし、何十年も宮本学が発見されなかったというのは気になります。学問というものは浮ついた評判や風評とは無縁であるべきだと思います。学ぶということは人気や毛並みとは無縁でなければなりません。そうでなくては本物の学問は育っていかないからです。

6　旅と学問

二人に共通するもの、それはいくつもありますが第一にあげるとすれば「旅」でしょう。二人の旅は自分の学問を確かめるためのものであって観光旅行とはまったく異なったものです。二人とも漂白の旅人と言われ秋田で生涯を終えた菅江真澄に傾倒しています。柳田國男はその旅ごとにある仮説をもって出かけました。つまり自分の考えが正しかったかどうかの確認の旅です。一方、宮本は予見や予断を一切持たず、ともかく身体一つでふらりと村に入り、出来るだけ多くの人々の話に耳を傾けるのです。そしてそれらの声から自分の結論を導きだすのです。そして柳田は「日本人とは何か」を、宮本は「民衆とは何か」を問い続けました。やがて柳田は「日本人はどこから来たか」宮本は「日本文化とは何か」という終生のテーマにたどり着きます。

柳田は学生時代、肺結核のあとの保養に伊良湖岬に逗留します。そのとき海岸に打ち寄せる、いわゆる寄せ物の椰子の実を見て帆もない舵もない丸い物体がどうしてここまでたどりつくのだろうという疑問を持ちました。それなら知恵と道具をもつ人間ならはるかに遠いところから日本にたどり着けるはず、日本人の祖先はどこからやって来たのだろうと青年柳田はふと考えました。この発想が六十年後、柳田が亡くなる二年前の『海上の道』となって結実します。この日本人南方渡来説は現在では否定されていますが、そのことより学問というものが気の遠くなるような時間の流れを持つものだということを私たちに示してくれた柳田國男の姿勢に改めて襟を正したくなるのです。芸術というものは時として一気になりますが、学問というものは悠久の時間をかけて積み上げていくものだという柳田の思想こそ目先の業績を督促されるような現代社会にあっては忘れてはならない学問の方法だと思うのです。

柳田に「どうして旅が好きなのですか」と訊ねた訪問者がいました。すると柳田は「自慢話が出来るからだよ」と冗談まぎれに答えたそうです。白足袋と羽織袴姿の柳田の出で立ちは貴族然とした雰囲気が漂っていたことは事実です。そして事前に町村長に手紙を書き古老達を集めることを依頼し一流旅館に宿泊というスタイルも確かに柳田旅行の定番でした。こうした方式を批判する人もいます。しかし、それはこの旅で得た柳田の学問的遺産を見ない皮相的な批判だと思います。そういった批判者は「旅は学問である」といった柳田の言葉を知らないからでしょう。

一方、宮本はコメを持参し民家に泊まらせてもらい、時には野宿しながらの旅でした。農民、漁民と同じ目線にたち、そこから民衆像を追究し続けました。旅人芭蕉に「年暮れぬ笠きて草鞋はきながら」という句がありますが宮本の旅はまさにそれでした。

家族も省みず旅行日数四千日、通過した町村三千、泊めて貰った民家千軒それこそ「ベタベタ」（渋沢敬三）と日本中を歩いたのでした。それも同じ場所に複数行くというのが宮本方式でした。時を移して村人と村の移り変わりを目に焼き付けるためでした。

7　時局と学問

もう一つ二人に共通しているのは時局に一定の距離を置いたということです。いや、もっと正確に言えば目先の社会的瑣事に囚われなかったということでしょう。戦前、戦後を通じて教育学者たちがあさましく無分別に時局に積極的に便乗していったのと対照的です。

柳田は戦前、特高という思想取り締まりの当局に「教育勅語」批判をした疑いで事情聴取を受けたことがあります。すぐに誤解と分かって帰宅することができましたが、これなどは時局を意識しないからこそ出た話です。スタンダールの『赤と黒』を持っていただけで「アカ」とされ逮捕されたり『昆虫社会』という本が「社会主義」を彷彿させるからといって発禁処分になってしまうご時世で、当局が最も神経をとがらしている「教育勅語」について柳田が何か話したということは時局に無関心だったからに他なりません。また戦地に出征する弟子に「未来を愛すべきこと」と揮毫しています。死に赴く兵士にこうした一見無意味で不用な言葉を残したのは明らかに時代を超越した姿勢からだと思います。そして決定的なことは敗戦を知った柳田の日記に記された言葉です。柳田は八月十一日敗戦の四日前、友人の警視総監長岡荘太郎からかかってきた電話で敗戦を知ります。「いよいよ働かねばならぬ世になりぬ」と短く書いています。学問に敗戦は関係ない、戦争によって歪められた学問の立て直しが必要だというのです。「まさかの時」に真に役立つ学者が柳田國男だったのです。

宮本常一についても同様、時局で右往左往したり便乗とは全く無縁でした。ただ、戦前、満州に日本政府が作った満州建国大学に話があり宮本は乗り気でしたが恩師の渋沢敬三に止められました。渋沢は敗戦を見通していましたから危険な選択を認めませんでした。この時、満州に出かけていたなら今日の宮本は存在しなかったでしょう。また、東京が空襲で危なくなった頃、宮本は奈良で中学校の教師をしていました。そのときに宮本は生徒に日本は敗れるが失望しないで復興のために役立って欲しいという話をしています。明らかに「非国民」的態度でしたが当局に密告する生徒もなく逮捕されることはありませんでした。

戦後のいわゆる「安保闘争」は日本中を巻き込む激しい国民運動になりました。この時、宮本は国会前の「離島問題研究会」の事務室の窓から連日続く激しいデモを冷静に見ていました。そして、彼は一度もデモに参加しませんでした。宮本にはそのデモに加わっている知識人や学者が戦前、どのような言動を取っていたかを知っていたからです。「また、彼らは若者達を煽動している」

安保デモ以前から宮本は「進歩的」知識人や学者に対する不信感を募らせていました。彼はそういった人々への不信を次のように語っています。

社会的な変動や経済的な変化が村を替えてきたということはよく分かる。しかし、もうひとつ村にとって不幸だったことは、村人の持っているものは保守的で因習的で封建的でみなぶちこわさなければならないと為政官、指導者、学者、文化人などと呼ばれる人たちから非難にちかい批判の続いたことである。それが村里生活に対する自信を失わせたことは大きい。一方、その言葉に若い層や女達が乗って古い村を解体させる役割を果したことも忘れてはならないが、ではそれらの人たちがどれほど新しいものを生み出したか。むしろ村を見限りはじめたのである。また、いわゆる指導者たちがどれほど村人の生活を知っていたのであろうか。

（「村の崩壊」一九七二年『著作集』第十二巻）

いまでこそあからさまに農村の問題を批判する知識人はいませんが、今日でも彼らが自分のことは棚に上げて無責任な言辞を弄するという体質は全く変わっていないと思います。知識人とか文化人の基本的条件は歴史の批判に耐えうるものでなければならないということを改めて考えざるを得ません。柳田國男と宮本常一はこの条件を満たした数少ない学者なのです。

8 「無知の相続」

柳田國男と宮本常一の学問はまさに知の宝庫です。日本人とは何かを問い続けた柳田、日本の民衆を追い続けた宮本、車の両輪として二人が積み上げた知の宝庫から学び取るのは後の世代の仕事です。柳田は学問というものは「無知の相続」だと言っていました。

私らが強いて自分の言葉を作って、なるべく皆さんがへっ、そんなことがあるか」といったような、聞き耳を立てらるるような問題を今日までいろいろ述べて参りましたのは、要するに無知の相続、すなわちこのわれわれがなんにも知らずにおったのだということを次の代に伝えたいのでありま す。年を取ってしまってから初めてわれわれの知らんことが多かったということを知っても、それは相続ではありません。われわれの一生の間に、考えて考えて、この程度までは分かったが、これから先はわからんとか、この理由だけは数え上げることができるが、あの理由だけは分からんというといったようないくつかの研究を試みた結果、ここまでで私らは理解することができなかったから、これから先へは次の若い諸君がやってくれというふうな相続でなければ、これは実際、相続ではないのであります。古い時代のもので、現在もなお持っているものをすらもなくそうとしている人々が、新たになにものかを日本人の生活の中から発見しようということは無理なことではありますけれども、この方面に注意を払って心がけておりますならば、おそらくは私のようなものからでも、若干の無知、今までふれずに過ぎておったということを相続してくださることができようと思います。ひとりが知っておってすら、だれにも話さず死んでしまい、その次の人はまた初めからやり直すというようなことを繰り返しておったならば、いいかげん素質の立派な国民でも、必ずばかになってしまいます。一人一人のばかはこれはやむを得ませんけれども、国が全体に愚かになってしまうようなことがあったならば、再建はおろか、存続すらも困難かもしれません。

（「農村青年と語る」一九五三年）

既に紹介しましたが柳田國男に関する研究の成果は毎月のように発表され続けています。そして宮本常一についてもこれからは相次ぐことでしょう。しかし、二人の知の遺産が真に継承されているかというとどうも心配です。例えば「柳田には○○に関する視点が欠落している」というような頭から柳田学を批判するような姿勢の研究がやたらと目につきます。一人の人間があらゆることを研究できるわけがありません。「視点の欠落」をあげつらうのではなく、その問題にこそ謙虚に取り組むことが必要なのです。こういう態度では「無知の相続」ではなく「奢りの相続」になってしまうでしょう。

柳田の晩年は「時間がない、時間がない」といって好きだった大相撲や歌舞伎見物もやめて書斎に閉じこもりました。柳田の頭の中は私たちに相続すべき知の遺産のことで一杯だったのだと思います。柳田の学問はどこを切ってもそこから日本人という「人間」が顔を見せます。そして宮本はどこを切っても民衆という「文化」が顔をみせます。二人の巨匠から「無知の相続」を引き継ぐとすれば、この点を見過ごしにはできないのではないかと思っています。

日本の文化と学問、この問題に取り組もうとしたなら、そして取り組んで壁に突き当たったなら私は迷うことなく柳田國男と宮本常一の学問に立ち戻るでしょう。

【本章の推奨文献】

1 橋川文三『日本浪漫派批判序説』講談社文庫
2 佐野眞一『旅する巨人』文藝春秋　一九五六年）

【本章に関する拙著】

1『常民教育論ー柳田國男の教育観』（新泉社　一九九四年）
2『彷徨のまなざしー宮本常一の旅と学問』（明石書店　一九九五年）
3『柳田國男教育論集』（新泉社　一九八三年）
4『柳田國男文化論集』（新泉社　一九八三年）
5『日本民衆の文化と実像ー宮本常一の世界』（明石書店　一九九五年）

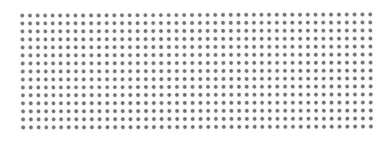

第五章　教育と芸術

歴史の重みに耐えなかった教育を科学ではなく、
個性と創造を核とする芸術という視点から
再構築できないかという考えを抱いて十数年、
課題は山積していますが、
ここではその問題提起を試みました。

1 教育科学の敗北

教育学という学問は立派な科学だ、という講義を学部、大学院時代から耳にタコができるほど聞かされました。また教育研究者のどの著書にも「教育科学」という言葉が当たり前のように出てきます。ですから私もつい何の疑問も持たずにこの学問の科学性や先行研究を鵜呑みにして信じていたのです。

しかし、「教育科学」ということは教育を科学的方法で究明し実践するということです。医学的に人間を科学するということは考えられるとしても、人間を科学的に教育するということはどうもおかしいのではないかという疑問を持つようになってきたのです。その根拠を簡潔に四点にまとめてお話します。

科学というのは第一に普遍性がなければなりません。教育で対象になるのは人間です。人間には個性がありますから普遍性を適用させようとすれば個性を無視するしかありません。現代の教育はこの点では個性より普遍性を重視しています。教科書という普遍性を子どもに適用しているのはそういう意味です。個人個人感性も能力も異なるこどもの多面性を無視しているわけです。どちらが正しいかということはお分かりだと思います。科学に普遍性は不可欠な要素ですが、多面性を持つ人間に普遍性は必要ありません。むしろ邪魔なだけです。

第二に科学は法則性を主張します。先に教育の場面で教科書を普遍性に例えましたが、この伝でいえば教師が法則になります。Aという教師とBという教師は同じ教科書を使いその法則でこどもに教えるとその結果は全く同じものにならなければならないのです。しかし、実際はどうでしょう。教師が変われば結果は同じになるとは限りません。むしろ変わるという「逆法則」の結果がでるのです。小学校に子どもを入学させる父母が一様に心配するのは担任の先生がどんな人間なのかということです。誰が担当しても同じ結果がでるという法則はここでは通用しません。

第三に規格性です。一ミリは一ミリであってこの寸法は厳格に守られなければなりません。例外や規格外れは一切通用しません。要するに規格性というのは誰がやっても何度やっても同じ結果が出てこなければなりません。ところが人間はどうでしょう。同じ顔の人間は世界に一人もいません。似た顔はありますが同じ顔はありません。一卵性双生児であっても必ずどこか違うのです。まして同じ個性の人間もいません。そういう複雑でなおかつ繊細な人間に人類普遍に適応しうる規格などあるはずもないし、千歩譲ってあるとしたら独裁国家の手法でしょう。しかし、歴史が証明しているように独裁国家は地上から消え去る運命にあります。規格は人類の敵というべきなのです。にもかかわらず、教育はこの規格を科学性の名のもとに現場に持ち込んでいるのです。これは教育という人間の個性と感性に対する「弾圧」行為といって過言でないと思います。

最後に、とくに我が国の教育は今次の戦争でその役割をはっきり証明しました。人間の生命とその尊さを訴えるべき使命を放棄し悪しき軍国主義権力に屈曲してしまいました。それも何の疑問も持たず、抵抗するどころか、喜び勇んで教え児を戦場に送りました。しかも、戦後になってその間違いの検証も怠り、戦前の体質をそのまま継承したのです。科学というのは国家がどう言おうと「太陽は東からのぼり西に沈む」という真理から目を背けてはならなかったのです。その反省もせずに依然として教育科学を標榜するのは安易に過ぎます。教育が科学であるというのであれば「こどもの生命は鴻毛より軽い」という考えは絶対に生まれなかったはずです。まさかの時にこどもを裏切った教育に科学性を語る資格はありません。そんなわけで私は我が国の教育理論にすっかり嫌気がさしてしまいました。戦後語られる教育論も相変わらず教育科学と称していい加減な理論ばかりです。

2 生活綴方

そこで私は教育学から距離をおいて自分なりに納得のいく方向を模索することにしました。まず、教育理論は戦争犯罪に対して何の自己批判も反省もなくその中身たるや空疎で無意味なものばかりですから、これを相手にするわけに行きません。それで柳田國男と宮本常一の学問から学び始めました。このことについては既にお話しました。

ただ、私は戦前の教育理論と実践で高く評価したいと思っていたことが一つだけありました。それは東北の教師たちが提起した生活綴方の思想と実践です。いわゆる北方性教育と言われるこの手法は日の当たりのこどもたちの貧しい生活を見た教師達がなんとかこの現実からこどもたちを救うことができないかという思いから積み上げられた教育思想と実践でした。

教師達はこどもたちに貧しさを直視させ、そこから逃れるために何を学ばなければならないか、ということを教育の指針にしたのです。そして家がまずしいのはなぜか、村が貧しいのはどうしてか、農民が苦しむのはなぜなのか、という課題をこどもたちと一緒に考えようとしたのです。その手法として教師達はこどもに綴方を書かせます。書くことを通して生活の現実を浮き彫りにし、こどもたちに貧しい生活から抜け出すための社会観を引きだしていこうとしたのです。これに参加した教師達は思想的・運動的に農民運動や社会主義思想とは無縁でした。ただ、こどもたちに希望を与えようと願った実践でした。この当時は既に政治的な組織や運動は政府から弾圧を受け、社会は戦争一色に塗り込められていました。

生活綴方によるこどもの表現力は大人を凌ぐこともまれではありません。いや、むしろ子どもの方が大人より豊かな表現力を持っているとさえ思えるときがあります。例えば次の詩は戦前、生活綴方を指導した先生のもとで書かれたものの一つです。先入観抜きで先ず読んでみてください

虫けら　　　　**大関松三郎**

一くわ
どっしんとおろして　ひっくりかえした土の中から
もぞもぞと　いろんな虫けらがでてくる

土の中にかくれていて
あんきにくらしていた虫けらが
おれの一くわで　たちまち大さわぎだ
おまえは　くそ虫といわれ
おまえは　みみずといわれ
おまえは　へっこき虫といわれ
おまえは　げじげじといわれ
おまえは　ありごといわれ
おまえは　虫けらといわれ
おれは　人間といわれ
おれは　百姓といわれ
おれは　くわをもって　土をたがやさねばならん
おれは　おまえたちのうちをこわさねばならん
おれは　おまえたちの　大将でもないし　敵でもないが
おれは　おまえたちを　けちらかしたり　ころしたりする
おれは　こまった
おれは　くわをたてて考える

だが虫けらよ
やっぱりおれは土をたがやさんばならんでや
おまえらを　けちらかしていかんばならんでや
なあ
虫けらや　虫けらや

この作詩者は実は小学校六年生です。「共生」とかなんとか大人がいま騒いでいますが、それより遙か以前にこどもの豊かな感性は時代を先取りしていたのです。それだけの力と能力をこどもたちは持っているのです。その表現力を育てる支援をすることが教育であって、一方的に「指導」することではないのです。もう一つ彼の作品を紹介しましょう。

みみず

何だ　こいつめ
あたまもしっぽもないような
目だまも手足もないような
いじめられれば　ぴちこちはねるだけで

ちっとも　おっかなくないやつ
いっちんちじゅう　土の底にもぐっていて
土をほじっくりかえし
くさったものばかりたべて
それっきりで　いきているやつ
百年たっても二百年たっても
おんなじ　はだかんぼうのやつ
それより　どうにもなれんやつ
ばかで　かわいそうなやつ
おまえも百姓とおんなじだ
おれたちのなかまだ

松三郎が地球上の全動物の九七パーセントが昆虫だということを知らなくともいいのです。人間から普段罵られている昆虫へのいたわりと共感を素直に表現できる感性はこどもにしかない、ということをいまの教育はすっかり忘れているのです。むしろある面ではこどもからおとなたちが「指導」されるべきだと思います。

もう一つ、私がいいたいのはこうした生活綴方は日本の教育理論と実践のもっとも優れた遺産であるということです。生活綴方運動は数年で政府から弾圧され消え去りますが、近代公教育史上、国家を震撼させた唯一の理論と実践でした。軍国主義の波に易々と飲み込まれた教育の歴史を思うと、この生活綴方は教育史上画期的な意味を持っていると私は思います。いつかまた再評価される日が来るでしょう。また、そうでなければ日本の教育に未来はないと思います。

3 「山びこ学校」

戦後の教育実践で真っ先に思い浮かぶのは無着成恭の「山びこ学校」です。山形師範を卒業し、僻地の新制中学校に赴任して一年間の実践をまとめたのがこの「山びこ学校」です。私はこの話題を小学校五、六年頃に新聞で知りました。しかし、見出しだけで中身については関心もなく、えらく騒がれているものだという印象しか持ちませんでした。教育学部に入って初めて無着先生の著作を読んで驚きました。私は教育とか学校、或いは教師というものを胡散臭く感じて、出来ることなら近寄りたくないという感覚を持っていました。ところが、ここに示された実践は貧しさをバネにして生きる力を身につけさせていく過程が赤裸々に語られていました。そして子ども達と教師が正面からぶつかり合う姿も正直にさらけだされていて、きれい事ですまされがちな実践例とは全く異なるものでした。少し大げさにいえば、教育でもここまで出来るのか、という感動と驚きを抱いたのです。

こどもたちに書かせた綴方は無着が夜なべをして蝋原紙に鉄筆で書き写し謄写版で印刷するという

手間と労力のかかる根気のいる作業によって生まれました。その「きかんしゃ」という文集の一年間の記録が『やまびこ学校』となって出版されたのが一九五一（昭和二六）年のことでした。たちまちベストセラーになり、映画化もされて、北海道の田舎の少年にまで知られるようになったほど全国を席巻した大事件でした。

このため「やまびこ学校」は勝手に一人歩きを始めてしまい、その本質が置き去りになってしまいました。その故か、今日では「やまびこ学校」を評価する声はほとんど聞こえなくなりました。しかし、私はこの実践は戦後で最も重要なものの一つだと考えています。

その理由は枚挙すればきりがありませんが

（1）着任早々の新米教師の実践
（2）生活綴方的方法による実践
（3）生きて働く「学力」の重視

の三点があげられると思います。

第一の点は見過ごされがちですが往々にして「教育は経験がものを言う」と教育界ではいわれています。ルソーが「教師はその世代に近い者がふさわしい」と『エミール』のなかで述べています。それは経験ではなく感性を重視しての言葉です。特に現在の新任教員の研修では化石に近いような無能な校長退職者が講師になっています。これは最悪です。私が「新米」というのは「情熱」と同義です。分からないことはこどもに聞けばよいのです。実際、無着先生は授業の最中に「困ったな、これどうして教えようかな」といって、こどもたちから助け舟を出してもらって「そうか、そういうことなんだ」と自分で納得していたそうです。いい授業は生徒が教師になる雰囲気を醸し出せばいいのです。ベテランになればなるほど「教えてやる」といって一方的な授業にしてしまうのです。こどもたちが「授業」と言えば「魅力」や「面白み」のないものと考えてしまうのはベテラン教師のせいです。ベテランが本物のベテランになるには生涯、「情熱」を持って教壇にむかうことです。

第二の生活綴方ですが無着は師範学校では習わなかったはずです。国家から弾圧された教育方法を教える勇気と見識のある教授連はいませんでしたから。山形は北方教育発祥の地でもあります。無着はそれらの先輩に話を聞いていました。それが下地になっています。その理論を無着は見事に開花させたわけです。ですから綴方教育がいかに有効な教育理論であるかが証明されたことになるわけです。この教育史的意義は実に大きいといわなければなりません。ただ、無着の跡を継ぐ教師は厳密に言えばこれ以降現れていません。

第三の「学力」の問題です。無着はこどもたちにいつもこう言い聞かせていました。

いつも力を合わせて行こう
かげでこそこそしないで行こう

いいことを進んで実行しよう
働くことがいちばんすきになろう
なんでも、なぜ？　と考える人になろう
いつでも、もっといい方法がないか、探そう

知識だけを与える教育ではなく、生きて働く「学力」こそ本物の教育ではないでしょうか。無着は簡潔に力強くこどもたちに指針を示したのです。ここに掲げられた指針は今日に至るも色あせていません。私はこのスローガンこそ、教育基本法の前文にすべきだと思っています。

このクラスが卒業を迎えた時、生徒が相談しあって「答辞」をまとめました。そのなかで次のようなエピソードを紹介しています。教室に入ってきた無着が火鉢で暖をとっていた子ども達に「けむたいなあ。誰だ、紙くべたの」と軽い気持ちで聞いたが誰も答えない。無着は「紙がいぶっていてけむたいのに誰も返事しないというのは情けない、おれはそんな教育はしなかったはずだ」といってはじめてげんこつで生徒を殴ったという話がでてきます。正面からこどもたちと向き合っていたからこそげんこつが飛んだのです。

また冒頭に「母の死とその後」という江口江一が書いた文章があります。

僕の家は貧乏で、山元村の中でいちばんぐらい貧乏です。そして明日はお母さんの三十五日です

から、いろいろお母さんのことや家のことなど考えられてきてなりません。それで僕は僕の家のことについていろいろかいてみたいと思います。

こどもたちには誰でもこのような潜在的にすぐれた表現力と思考力を持っているのだと思います。問題はその力を引き出し開花させる教師がいるか、どうかなのです。『やまびこ学校』は教育の図書としてではなく、文学・歴史・経済・政治そして哲学の書として読まれる価値のある書物だと思います。

4 ある体験

一寸ここで、私の小学校の体験をお話したいと思います。というのは今の小学校とは全く違った貴重な体験をしたからです。私が小学校に入ったのは一九四七（昭和二二）年です。入学当日、記念写真撮影のマグネシュウムの発火に驚いて椅子から転げ落ち、翌日学校に行きたくないと登校拒否をしました。

また、受け持ちになった若い女教師はいつも不機嫌で生徒を叱ってばかりいて学校は大嫌いでした。それが日曜を除く毎日登校するのだと聞いてこれまた腰が抜けるほどの衝撃を受けてしまいました。

二年生になったときクラスはそのままでしたが担任が代わって二十歳すぎたばかりの男の先生になり、にこにこしてわかりやすい話をしてくれるので安心しました。教員免許を通信教育で取得中という代用教員でした。先生はしきりと「作文」を私たちに書かせました。たしか一度も「綴り方」という言葉を聞いたことがなく「さあ、今日も作文だ」といって謄写版で刷って私たちに配るのでした。先生はそれを印刷して私たちに配ってくれるのです。五十人以上の生徒の作文を全部載せてくれました。そして「○○君の作文はとてもいい」とか「△△さんのお母さんはとても優しいんだ」とコメントしてくれます。下手でもけなしません。ともかくいい所を見つけてくれ、依怙贔屓なく一人一人に目を配ってくれているということがよく分かりました。それで学校がだんだん楽しくなってきました。

夏休みが明けて張り切って登校したところ、先生の姿が見えません。見たことのない先生がやってきて「先生は病気でしばらく出てこれないので皆さんは別々のクラスに分かれてもらいます」と宣告されました。あれよあれよと言う間にクラスを解体されてしまった私たちは他の四つのクラスにバラバラにされてしまいました。ようやくみんなうち解けて仲間意識が芽生えた矢先でした。正確なことは覚えていないのですが、普段からはきはきものをいう女の子が言い出してもとのクラスの仲間に呼びかけ昼休み廊下に集まりました。「なんとか元のクラスに戻りたい、力を合わせよう」というのです。この子がマチの有力者の娘ということは知っていましたが、ここまで思いつくとはと驚きました。異存のあるはずがありません。手分けして先生方に「陳情」しよう、ということになり、その「依願書」を私が書くことになりました。ほとんど無口でクラスで目立たない私にどうして白羽の矢がたったのか分かりません。

父母とPTAの説得は女子、先生の説得は男子と分けて、女子は家庭の戸別訪問、私たちは日曜日に先生方の家を訪れ希望を理解してもらえるようにお願いしました。校長先生に直訴をしたときは膝が震えました。そして担任が復帰した十二月、私のクラスは元に戻ることができたのです。大人が理解してくれたから、いいかえれば先生が私たちを一人の人間として見てくれたからこそこの復帰ができたのだと思います。

苦難は続きました。三年になったとき担任が肺結核で長期入院になってしまったのです。また分散か、とみんな青ざめました。クラスで長い話し合いの結果、私たちがだした結論は教科は別々の先生にお願いしてクラスの分散はしないで欲しい、というものでした。正直言ってこの願いが通るとは思っていませんでした。校長先生は「みなさんが真剣に話し合ったことはわかりました。でも、他の先生方の意見も聞かないと結論を出せません。職員会議で話し合います」といってくれました。翌日、校長先生が教室に入ってきました。

「みなさんは昨年、ばらバラになったクラスを戻しました。仲間というのは大切です。他の先生方もみなさんの気持ちに賛成してくれました。ただ、条件があります。なにか問題が起こったときは学校の言うとおりにしてもらいますよ。いいですね。」私たちのクラスの結束は以前よりはるかに強くなっていました。

学芸会ではたいてい一部の生徒しか出れませんが私たちのクラスは全員で出よう、といって合唱をしました。クラスにピアノができる子から教えてもらい三年の時は「ローレライ」を二部合唱でやりました。四年「埴生の宿」五年「新世界」六年「第九」でした。私たちのクラスからは歌声が絶えたことはありません。遠足で出かけても歌声の先頭は私たちのクラスです。郷里に「雷電」という義経伝説の景勝地がありますが、秋の遠足では学年全体の歌声が止みませんでした。

こんなこともありました。六年になると二泊三日の修学旅行があります。貧しい家庭が多かったことから五年生から学級貯金ということで毎月貯金をするのです。係がその受付をして帳簿とお金を学校に預けます。あるとき係の子が「○○君と◇◇君は一円もいれていないけど大丈夫かな」と私にいってきました。当時、私はクラス委員でした。もう一人の委員に話すと「給食費も払えないくらいだから貯金は無理かも」というのです。それで貯金係の四人を含めて話し合いました。修学旅行はみんなの夢です、みんなで一緒にゆけるようにしよう。それで男子は新聞と牛乳配達と女子は納豆売りをして二人分の代金を得ようというのです。この二人は長期欠席していました。クラスにこの話をすると全員賛成してくれました。そして一年足らずで金策できたのです。あるとき普段はほとんど発言しない女の子が「そのお金は私たちから渡さないほうがいいと思います。先生から学校のお金だからといって渡せば二人の気持ちの負担にならないと思います」と言いました。入院中の先生に話すと「おまえたちは大人より立派だ。こんなクラスを持てて幸せだ」と言いました。旅行で、この二人の笑顔を見ていると心の芯まで温かくなるようでした。

六年になっていよいよ卒業です。この時期にまた、担任の先生が入院してしまいました。卒業式ではクラス代表が校長から証書を受け取ります。他の教室では担任が指名していますが、私たちは選挙で決めようと話していました。五十四人の投票で五十三人が私の名を書いてくれました。残り一人は長く相棒を務めていたもう一人の委員の名でした。もちろん、その名は私が書いたものでした。

こうしたことができたのは、こどもの方を向いてその声に耳を傾ける教師たちがいたからです。それには代用教員が半数を占めていたこの時代だからこそ、こどもの声に耳を貸す余地があったのかもしれません。それと戦前教育のしこりです。代用教員と異なり正規の教員とりわけベテランはまた同じ間違いを冒すのはご免だ、という心境になっていて、こどもの意見も聞いてみようという雰囲気が職員室に流れていたせいもあるでしょう。

「こどもは学校の主人公」という言葉を聞いたことがありますが、私たちはまさにこの事を証明したのです。こどもは学校では一人前の大人なのです。教師は出しゃばらないでこどもが出来ないことを後方から支援するだけでいいのです。教師がこどもに教えるのでなく、こどもが教師に教えるのです。

5「学校革命」

もう一つ是非挙げておきたい実践があります。教育史の著作でもほとんど取り上げられることがありませんが、それは生活綴方を超えるほどの内容を持った画期的な実践だと言ってもいいものです。それは久保島信保という教師が中心になって山梨県巨摩中学で行った実践です。普通、先進的というかユニークな実践の場合、「＊＊方式」とか「＊＊流」というような名称が付けられるのですが、この実践にはそうした名称がついていません。そのことも社会的に知られない要因になっているのかも知れませんが決定的な原因はこの実践が十年足らずで政治的に抹殺されてしまったことです。戦時下の生活綴方は当局の弾圧を受けて消滅させられましたが、巨摩中学の場合は民主主義社会のなかで弾圧されて押し潰されてしまいました。その意味でも戦後教育史上特記されるべき大事件なのですが、教育学者も評論家も誰もが口を閉ざしこの不当な政治的策動を批判しようとしませんでした。ただ、地元の新聞とテレビが取り上げましたが、あくまでも「地方記事」扱いで全国的話題になりませんでした。ですから、いまでもこの実践を知るのはごく限られた人々だけです。

私がこの実践を知ったのは久保島信保が著した『ぼくたちの学校革命』（中公新書　一九七五年）でした。ちょうど本学に着任したすぐ後のことです。その頃、私は専修大学の非常勤講師もしていて、講義でこの本の感想をのべたところ、一人の学生が立ち上がって「先生、私はその学校の卒業生です」というので驚きました。早速、詳しい話を教えて欲しいといって数回話を聞きました。時に授業で使ったという教材も持ってきてくれました。その中には学校が卒業生に贈ったレコードもありました。

レコードというのは巨摩中学の恒例行事の合唱コンクールの発表を録音、レコードにし記念品として卒業生に贈っていたのです。こんな素晴らしい贈り物があるでしょうか。歌声の絶えない学校というのが私の巨摩中学の印象でした。この学校ではクラスごとに自由に選曲します。流行歌であれ演歌であれ制約はありません。美空ひばりからビートルズまで自由です。ある年に「花笠音頭」を選んだクラスが二つありました。発表を聞いた父母はびっくりしました。その「花笠音頭」は二クラスともメロディーもリズムもこれまで聴いていたものとは全く違っていたからです。子ども達は歌詞の一字一句を議論しあってその最善の表現を工夫した結果、これまでとは違った歌に「編曲」されたのです。

大体、入学式がまるで違います。校門前に二列に並んだ二、三年生がショスタコビッチの「心騒ぐ青春の歌」を二重唱で新入生を迎えます。式場の体育館では教師による型どおりの入学式が行われますが五分もかかりません。式の中心は二、三年の生徒の手に委ねられます。ある時は卓球台を並べて鶏卵を生と茹でを二個ずつ置き、どちらが立つかという問題をグループに分けた新入生に解かせるのです。新入生はとまどいとこれからの学生生活に期待をもつことになります。

ともかく、巨摩中学の教育方式は生徒の自主性を尊重し、かれらの表現力を引き出すということに主眼がおかれました。校則を廃止し、必要な規則は生徒がつくります。修学旅行は生徒達が計画し、その報告書を作ります。国語の教材では作家の文章を一字一句吟味し鑑賞して新しい解釈をうみだしました。

同じ教科であっても巨摩中学の授業は教科書を鵜呑みにせず、こどもたちが納得するまで掘り下げるのです。ですから教育委員会などからみれば教科書を無視しているようにみられてしまいました。巨摩中学が主宰する公開研究会には全国から教師が集まります。これにも教育委員会などはいらだちます。全国などといわずせっせと地元の教育をしっかりやれ、と言うわけです。私は敢えて「教育委員会など」と持って回った表現をしましたが、じつはこの「など」が問題でした。具体的にいえば地元の保守的な政治家とその取り巻きたちです。

久保島が汗の結晶ともいうべき実践を『ぼくたちの学校革命』を出版すると、これを口実に巨摩中学の教育を攻撃し始めました。「革命」とは危険きわまりない、と言うわけです。久保島らが巨摩中で実践をはじめてから進学率も県内トップになり体育関係でも全国大会出場を実現させたり「成績」は文句の付けようもないものでした。しかし、心の狭い周囲のやっかみや中傷で巨摩中は非難の対象になってしまいました。そして教師を一人一人巨摩中から引きはがし分散させたのです。教育はここではこどもや教師のものではなく卑しい大人たちの政争の具にされてしまいました。ほぼ十数年の輝ける戦後有数の教育実践は彼らの土足で踏みにじられてしまいました。

私が大学院のゼミで巨摩中の話をした時のことです。普段ほとんど発言しなかった一人の院生川村美紀が「私はそこの出身です」といいました。出来ることなら私が巨摩中の事をまとめたいと思っていたところでしたので、院生に是非、消された学校をよみがえらせて欲しいと頼みました。初めはあまり乗り気でなかったようですが、専攻の修論を書き上げてから少しずつ取り組みだしたようですが、大仕事ですから随分苦労して資料の収集や聞き取り取材を続けました。そして五年ほどかけて力作『地方公立校でも「楽園」だった』（中央公論社）を見事上梓してくれました。いわば素人に近い人間がこのような立派な仕事をしてくれたことを高く評価したいと思います。本来ならこのような仕事こそ教育学者のしなければならないのに、相変わらずピントのぼけたことばかりしています。奇しくも川村の著書は久保島信保が著作を著したと同じ出版社でした。巨摩中の詳細で具体的な内容はこの本をひもといてくださることをお勧めします。

6 教育芸術論

歴史の試練に挫折し、戦後の出発にもつまずいた日本の教育。そんな柔な学問と科学に期待はできないと柳田國男と宮本常一から学び直して真の教育学を構築してみようともがいている時に、ある閃きが脳裏をよぎりました。教育を科学というのは間違いではないか。一人一人異なる個性、一人一人異なる能力、一人一人異なる喜怒哀楽の感情などなど、そういう複雑きわまりない人間を規格・法則・機械的繰り返しを本質とする科学でくくっていいのだろうか、ということでした。無理矢理科学の枠に収めようとする余り、矛盾だらけでちぐはぐな結果をもたらしてきたのではないかと気づいたのです。ともかく、現在のような教育学では話にならない、なんとかこの閉塞状態から脱却しない限り歪みきった教育学は破綻してしまう。破綻するならそこから新たな発掘が可能ですが、いつも綻びの傷口に絆創膏を貼って弥縫策に終始し、それに安住してきましたからいつまでたっても破綻に気づきません。

私はクラシックが好きで、プレーヤーとレコードが買えなかった学生時代はやすく手に入るスコアを読んで愉しんでいました。そのうち演奏会にも出かけるようになっていつも疑問におもっていたのは、同じスコアでありながらオーケストラや指揮者によってどうして演奏が異なるのか不思議で仕方がありませんでした。それが芸術というものだと思っていたのです。

また、初期の戦時下研究で下劣な論文や著作を読み続けて心まで陰湿になりそうだったので趣味に書画骨董を中心とする展覧会によく出かけるようにしていました。出来れば茶をやってみたいと思ったのもこの頃でした。とくに茶器に興味を持つようになりました。どういう縁かはっきりしませんが鎌倉浄智寺から茶会の招待を受けたことがありますが顔をだす勇気がなかったのでせっかくの機会を逃がしてしまいました。

そんな事を少しずつ積み上げてきたせいでしょうか。無意識のうちに「教育」－「科学」－「芸術」という枠組みが組み立てられていたようです。それがあるとき突然「芸術」－「科学」－「教育」と逆転したのです。

考えて見れば芸術は科学と全ての点で対照的です。芸術は創造です。個性を重んじます。形式的・画一性と馴染みません。模倣や複製は御法度です。とすると、芸術は教育が必要とされているものをほとんど揃えているということにやっと気づいたのです。ただ、この時点では明確な見通しや確信は持てませんでした。しかし、方向性としてこの視点は間違っていないというおぼろげな感覚を持つようになりました。

ちょうどこの頃、大学の大改革を迎え、教員養成を専らとしてきた本学が「教育」と「教養」という二つに組織編成し、同時にカリキュラムも改訂するというとてつもない課題に取り組むことになりました。私もその渦中に投げ込まれ一人で十二の委員会に顔を出し帰宅は毎日深夜になりました。またの「懲役」です。これは三年間続きました。

ただ、以前の経験がありましたので、せっかく芸術という光明を見つけ出した矢先でもありましたから会議の合間にメモを残し週末には一枚でも半枚でもペンを持って『教育芸術論』を著しました。タイトルは最初「教育は芸術である」でどうかと編集者からいわれましたが、正攻法でいきたいので硬い題目にしましたが、結局これは読者の理解を得ることが出来ませんでした。もっとも批判してきたのは教育関係者でした。しかし、今でも私はこの方向性は間違っていないと確信しています。

この原稿を書いていたときは忙しくて余裕がなかったのだと思いますが、後になって巨摩中学の実践はまさに芸術そのものだったと気づきました。ここにいた先生方は気づいていなかったようですが、知らず知らずに教育は芸術だということを実践してくれていたのです。その意味でも巨摩中の実践は教育の向かうべき指標の重要な一翼を担っていると思っています。

それにしても「やまびこ学校」といい「巨摩中学」といい、この素晴らしい実践が教育学者によってきちんと検証分析されず置き去り状態になっていることは問題だと思います。前者についてはドキュメンタリー作家の佐野眞一が『遠い「山びこ」』が、後者は川村美紀の『地方公立校でも「楽園」だった』がありますが、いずれも教育の専門家ではありません。専門家がいいというのではなく、専門家が自分たちの役割を果たしていないのが問題だといいたいのです。

7 ある芸術家

この研究に取り組む過程で私は一人の魅力的な芸術家に出会いました。それは北大路魯山人という人物です。芸術に疎い私が彼の名を知ったのは数年前でした。彼の個展を見てその美しさに唖然としてしまいました。それまでいろいろな展覧会に行ってもカタログなど購入することは殆どなかったのですが、このときばかりは販売している数種類のカタログやら書籍などを全部買って帰りました。あれだけの作品を創る芸術家はどんな人間なのだろうと思ったからです。

その中に白崎秀雄という作家の『北大路魯山人』（上下巻）がありました。早速読みましたが次第に不愉快な気分になり途中で読むのを止めてしまいました。北大路魯山人は立派な作品を遺した、しかしその人物は最悪最低だということが延々と書き綴られていたからです。

それであることを思い出したのです。『モーツアルトの手紙』です。それには、あの天才音楽家とは思えない品性下劣な言葉が並んでいます。読むに耐えない内容です。映画化された「アマデウス」でも醜悪な描き方をされています。しかし、品位がどうあれモーツアルトの音楽は文句のつけようがありません。

私には一目見た魯山人の作品の美しさとその感動と小説『北大路魯山人』の嫌悪感の隔たりをモーツアルトに見たような気がしたのです。ただ、魯山人は日本人ですから資料の収集はそれほど難しくありません。それで魯山人に関する他の評伝とか人物論を読みたくて探しましたが、本格的な評伝は白崎秀雄のものしかありませんでした。別の人間が書いた魯山人の人物論もありましたがいずれも白崎秀雄が描いたような内容のものばかりでした。ですから魯山人はやはり品性卑しい芸術家ということになるのでした。しかし、私は作品の美しさを諦めきれず少しは魯山人のいいところを探し当てたいと思うにいたりました。

最初に試みたのは白崎のこの評伝の検証でした。白崎の『北大路魯山人』は初版が一九七一（昭和四六）年に出て文庫化され、さらに一四年後『新版北大路魯山人』と大幅な手直しをされ、また文庫化されたロングセラーで、魯山人といえば白崎秀雄ということになっています。種々、巷間に噂される魯山人のエピソードは全て（殆どではありません）この書物に拠ったものです。

そこで横道になってしまうのを覚悟で私は独自の取材と検証をすることにしました。詳細は拙著に委ねますが。そこで分かったことは白崎がこの評伝をろくな取材もせず、ありもしないことをでっち上げて書いた「小説」だったということです。評伝は事実に基づいた記述が求めれますが「小説」はその必要がありません。「初版」のあとがきでこれは「伝記小説」だとかいていますが、小説だと認めたこの「あとがき」は以下の版からは完全削除になっていて「小説」を仄めかす言葉は一切出てきません。ですから、一部の事実はありますがことごとくが悪意と誇張に塗りたくられたものとなっています。ある美術編集者にこの話をしたことがありますが「あれはどう言おうと名著に変わりありませんよ」と軽くあしらわれてしまいました。石が浮かんで木の葉が沈む時代なのかなという感慨を持たざるをえませんでした。

北大路魯山人は京都上賀茂社家に生まれましたが、父は生前に自殺し、魯山人は養子に出され悲惨な日々を送ります。小学校四年（当時は四年が義務）で終えるや丁稚奉公に出されます。用事で外出する度に老舗の看板の文字を一つずつ見て帰宅すると奉公先の火鉢の灰を紙代わりにして漢字を覚えました。初めは画家になろうとしますが画材を揃えるゆとりがなく、金のかからない「書」を始めて苦労を重ねて二十歳で全国書道展一等賞を取るほどに実力をつけやがて独立します。次第に書画骨董に関心を持ち鑑定や販売を手がけるようになりました。その後、朝鮮・中国に渡り書や陶器などの研究をし、帰国すると近江や金沢の豪商などに食客として逗留し篆刻、扁額などの腕を磨きます。金沢では料理と食器などにも食指をのばし技の幅を広めました。ともかくこの間、魯山人は修行一本槍の人生でした。

彼はどの分野でも手がけたものはことごとく超一流の腕前を発揮しました。それが全部、師匠を持たず独学でやってのけたというところが他の芸術家たちと違います。陶芸にしても志野なら志野、織部なら織部しか焼かないというか焼けないのが普通のプロです。しかし魯山人は志野、織部、備前、唐津、信楽なんでもこなしました。その何れもが国宝級の秀作です。

料理に新風を吹き込んだのも魯山人でした。星岡茶寮という日本一高級な料理店を開いたことで有名ですが、魯山人は高級な料理だけを目指したのでなく「食」という万人に共通する世界を見直しその愉しさを一般家庭でも味わえるような啓蒙活動にも力を入れました。また、料理人の社会的地位を高めたのも魯山人です。それまで料理人は「包丁一本」という一種の渡世人の世界で一人前の仕事とされていませんでした。

先天的に優れた才能があったとはいえ、生後間もなく養子に出され、さらに養家を転々とし、悲惨な環境の中で自分の才能を開花させる為にどれだけ苦労したことでしょうか。学歴信仰の社会の中では小学校卒のハンディは魯山人に常につきまとったでしょう。その障碍を克服しながら独学で書画・陶芸・篆刻・料理など万般の領域に存分の力を発揮した魯山人の生涯は学歴とはなにか、教育とはなにかを鋭く問うていると思います。私は魯山人がなまじ中途半端な教育を受けなかったからこそ、自分の能力を最大限に発揮することが出来たのではないか、と思っています。

今回はお話し出来ませんでしたが、同時代の芸術家例えば棟方志功、荒川豊蔵、加藤唐九郎らはいずれも学校を満足に出ていません。それでいて優秀な作品を残しています。加藤唐九郎に至っては我が国初の陶芸に関する本格的な辞典を編集しています。専門家でもなし得なかった大事業をやはり独学ながら見事に刊行させました。

少し乱暴な言い方になりますが、こうした例を見ていると、なまじ教育を受けない方が本人の才能を伸ばすことができるのではないか、という気もしてくるのです。社会に出ても少しも役に立たない無味乾燥な不用な教科のためにこどもたちが無駄な時間を過ごしていはしないだろうか、と思えてなりません。私自身学校を振り返って社会で役に立つ知識や判断力はことごとく独学、つまり自分の力で身につけたと思っています。その意味でも教育というものへのしっかりした内省と自己批判が要求されていると思います。

ところで魯山人を傲岸不遜、唯我毒尊、漁色家などと一方的に決めつけた白崎秀雄の話を信じるか信じないかは自由ですが、多くの傑出した作品を遺してくれた芸術家に対して一片の敬意を払わず憎悪と悪意に満ちた営為は認められるべきではないと思います。

魯山人は晩年、人間国宝指定を拒絶しました。芸術家は無冠であるべきだという信念を貫いたのです。先般、文部省から勲章を貰った芸術家が贋作の容疑で世間を騒がせましたがモノ欲しそうな人間に芸術家の資格はありません。それに役人からランク付けされて喜んでいるエセ芸術家が多すぎます。私はこのような仕事をした北大路魯山人に人間的な意味でも芸術家としての意味でも魅力を感じています。横道にそれたかも知れませんがまだまだ魯山人とは今後もおつきあいさせて貰うつもりでおります。

そして出来ることなら教育が芸術であるということの考察をさらに進め、その理論的な追究を「教育芸術論」から「教育芸術学」に仕上げてみたいと考えていますが、その時間があるかどうか、出来るだけ精進を重ねたいと思っています。

【本章の関連文献】

1 無着成恭『やまびこ学校』百合出版　一九五一年

2 東井義雄『村を育てる学力』明治図書　一九五七年
3 久保島信保『ぼくたちの学校革命』中央公論社　一九七五年
4 大関松三郎『山芋』百合出版　一九五一年
5 佐野眞一『遠い「山びこ」―無着成恭と教え子たちの四十年』文藝春秋社　一九九二年
6 川村美紀『地方公立校でも「楽園」だった」中公新書クラレ　二〇〇五年
7 白崎秀雄『北大路魯山人』中公文庫　上下巻　一九九七年

【本章の関連拙著】
1『教育芸術論』明石書店　一九八九年
2『真説北大路魯山人』新泉社　一九九八年
3『北大路魯山人―人と芸術』双葉社　二〇〇〇年
4『北大路魯山人という生き方』洋泉社　二〇〇八年

補　章　雑記帳

＊本章に収めたものは定年前に
書きためたエッセイです。

この章には
私の資料ファイルに納めたいくつかの文章と
書斎で酩酊しながらしたためているエッセイも
入れておきました。（初公表）
これまで硬いお話しばかりでしたから
ここではお茶でも飲みながら読んでいただければ幸甚です。

1「一本の道」

この原稿を大学の「キャンパス通信」から依頼された時、字数も半端だし、私自身これという目立った足跡もないし、気乗りもしなかったので断ろうと考えた。しかし、思い起こしてみると本紙の前身だった無味乾燥、面白くもおかしくもない「教務補導部だより」をもう少しましなものにしようと同僚の春山浩司先生（故人）などと語らって現在の「キャンパス通信」にしたことを思い出した。これで断ったら罰が当たる。

本学に勤務すること三二年。長いようで短いとはよく使われる言葉だが、私の能力には長くて長い歳月だった。その職場に通うこと徒歩で片道三十分。私の唯一の運動だった。道々には竹林があり雀たちの生き生きしたさえずりに耳を傾けるのが楽しみだった。また、私を見つけると小屋の中からよく吠える犬もいた。通りがかる近くの公園では散歩をするお年寄りの方々と名前は知らずとも挨拶を交わす仲にもなった。

しかし、時が流れ、竹林は宅地に変わり、くだんの犬も生気を失ってとうとう吠えなくなった。ある日、その家の玄関に「家族同様の愛犬が亡くなりました。可愛がってくれ、お世話になった皆さん、ありがとうございました」という張り紙があった。

そして時の流れとともにお年寄りも一人二人と姿を見せなくなっていった。無精者の私はこの道を毎日歩き続けて大学に通ったわけではないが、それはかけがいのない歩き慣れた私の人生に於ける一本の道だった。

「この道や行く人なしに秋の暮」と詠んだ芭蕉の心境が少し分かりかけてきた。ろくな仕事もできず周囲に迷惑ばかりかけて辿った一本の道。しかし、この道によって私は支えられ歩み続けることができた。そして今この道に別れを告げて、これから新しく始まるもう一本の道を歩み続ける。

（東京学芸大「キャンパス通信」二〇〇七年二月）

2 大学入試問題

入学試験たけなわの季節。この時期、私には学部（前期・後期）やら大学院博士課程の入試が立て続きに待ち構えている。おまけに期末試験、卒論査読、博士課程入試の論文査読など、一年で一番忙しい時期を迎える。

そんなある日、一通の速達が届いた。送り主は大東文化大学とある。この大学とは一切のかかわりもないし、知っている研究者もいない。妙だなといぶかりながら封をひらくと「入学試験問題への著作物使用について」とある。つまり、私の著作の一部を入試問題に使ったのでご承知いただきたい、という連絡である。私の周辺では何人かの同僚が自慢げに自分の文章が入試に取り上げられたというのを聞いて、へぇそういうこともあるんだと思っていたが、まさか私の文章が取り上げられることがあるとは微塵も考えたことがなかったので、意表を突かれた感じだった。
私もこれまで何題も出題し他人の問題も見てきたが、学術論文を入試に使うことは稀有である。一番多いのが新聞記事、ついで小説、随筆、評論などである。しかも私のようにこむつかしいことしか書かない人間の文章を取り上げるケースはあまり例がないと思う。
それは一九七九年に書いた『教育の戦争責任』という私の初めての著書からのものである。この著書の冒頭の五ページほどの部分を引用しており、問題としてはかなり長い引用である。設問は次のようになっている。

以下の文は「教育の戦争責任」を論じたある本の冒頭の部分である。この文章をよく読んで、これからの教育のあり方についてあなたの考えを書きなさい。(800字程度)。ただし、この設問は、著者の主張に賛同するか否かという思想的なチェックをするためのものではない。賛否も含めて、著者の問題提起にたいする率直な意見を、筋道を立てて主張できるかどうかをみるものである。

引用された部分は率直に言って易しい問題ではない。採点者によって得点が分かれることが危惧される問題だ。しかし、敢えてこのようなこむつかしい文章を採用してくれたことを光栄に思う。と言うのもこの本を書いて以来というもの教育界では大先生と呼ばれる人々を故意に悪人呼ばわりした極悪人として糾弾され、疎外されて今日に至って悪評紛々。そんな人間の文章を使ってくれること自体が嬉しかった。最近は大学でも冷遇されていることを実感していたので、久々にほっとした出来事だった。

（「酪酊随筆」二〇〇五年三月）

3 潔い失敗

教育関係のことはもう考えたくなくて、書籍は一辺に処理できないので少しずつ進めるつもりだが、講義用に作った教材はあっさり廃棄してしまった。これで多少はせいせいしたが、思いつくことあっていま一冊の書き下ろしをしだしたら、その教材が必要になってきた。

紙材は捨てたが記録としてそれらはFD、SD、CDに保存してある。しかし、それはどれもB4用紙横2段の編集である。自宅にプリンターは三台もあるが、いずれもA4型までしか印刷出来ない。つまり保存したメディアでは印刷できないのだ。

せめて一部ずつを一つのファイルに保管して残すべきだったと悔やんだが後の祭りだ。書棚のあちこちのファイルを探してみたが見事なほどただの一枚もない。これほど徹底して破棄することもなかったろうにと自問自答してみても詮のない話である。このことに限らず私は何度もこのような失敗を繰り返している。

また柳田國男と宮本常一関連は大学の別の研究室に寄付したのはよかったが、そのなかでただ一冊だけなぜ持ち帰らなかったかと後悔している本がある。それは柳田國男の自伝『故郷七十年』だ。実はこの本には私の書き込みがある。それもただの書き込みではない。一年以上掛けてこの自伝三種類（「初版」「定本版」「平凡社版」）を一字一句比較検討し、著者による加筆・書き換え・削除の全貌を明らかにして柳田の筆運をさぐろうとしたのである。

それなりに成果を得られたが結局は論文にしなかった。重箱の隅をほじくるような感じが否めなかったので筆をとらなかったが、思いとしては愛着ある研究だったから自分の傍らに置いておけばよかった、というわけである。

ついでに言えば実はこの三月か四月、早稲田のある古本屋に連絡をして蔵書を引き取ってもらうつもりでいた。ところが体調を崩したり愚図愚図しているうちに今日に至ってしまった。ところが今書いている原稿は資料がなければ書けない。その資料は蔵書に全て揃っているから、この愚図愚図はいい「決断」となった。皆さん、愚図も役に立つことがありますよ。

（「酪酊随筆」二〇〇七年五月）

4　茶人・利休

茶人といえば利休の名を知らない人は先ずいまい。そして利休は茶人の最高峰に位置づけられて人格高潔とまで評されている。しかし、茶道具の売値を吊り上げたり、秀吉に取り入って金ぴかの茶室を作ったりした事実はあまり考慮されていない。

なによりも利休の人間性を疑わせるのは大徳寺山門に自分の木造を飾ったという事実である。大徳寺で茶を受ける秀吉はこの山門の下をくぐらなければならない。天下人秀吉がこれに我慢できるわけがない。普通なら四条河原で極刑斬首か磔ものだろう。それを切腹という武士にしか認められない名誉ある死を与えたのだから以て瞑すべしである。柳宗悦も利休を「権門に媚びることを怠らなかった幇間的な彼の暮らし方を私は好かない」と決め付けているが私の利休に対する感想もこれに近い。

もう一つの根拠は高台寺にある秀吉作と伝えられる傘亭だ。この茶室は二階建てになっていて、おそらく日本でただ一つの二階建て茶室だろう。上の階は秀吉など有力武将が、一階は下位のものが茶を楽しんだのだろう。茶の道のことを全く知らない私でも、茶の平等の精神は「にじり口」に象徴されるように例え天下人であろうとも貴族・武将であろうともみな等しく腰を低くして頭をたれて入室するというのが本旨である。ところが傘亭はハナから客人を上下に峻別する様式である。茶の精神を踏みにじっている。こんな茶室を作って諫言もせず、それどころか秀吉を持ち上げるなど言語道断、茶の巨匠どころかとんだ虚匠である。

朝鮮出兵に反対したから切腹を命じられたとする説もある。然し茶室づくりに諫めることすら出来なかった利休が政治に口を挿むことなど絶対にありえない話だ。

世の中には自分に都合のいい話を作り上げたり、そういう話を意図的に利用する人間が後を絶たない。利休はそういう環境が作り上げた人物の一人に過ぎないと勝手に思っている。

5 仮想著作集

定年になって研究室の大掃除以外、格別なことはほとんどやらなかったが、ひとつだけ脳裏をよぎったことがある。それはこれまでの著作を整理することだ。以前は退官記念と称して弟子や取り巻きがボーナス代わりに本を作るという風習みたいなもののあった時代もある。またもっと力があり有名な教授の場合は著作集を出したものだ。しかし、どういうわけか、最近はどちらも見かけなくなった。多分、出版界の厳しい状況があるのだと思う。

私は人付き合いが苦手というか嫌いだ、その代わりに著作を通して自分の考えを表現してきた。専門家はもとより読者の支持もほとんどなかったが、どちらにもへつらわずに自己を貫いたから後悔はない。非力を省みず、むしろ書きすぎたという思いのほうが強くのこっている。

そんなわけで、定年のけじめとしてやれることなら、これまでの著作の整理ができればいいな、とふと思ったのである。大雑把にいうと単独著作が二十冊ほど、編著が十冊前後、監修が二種（巻数では五冊）ほどで、われながらよくこれだけの仕事をしたものだと驚くほどである。ちなみに同期の研究者で一冊の著書も書いていない教授がかなりいる。ただ、ここ五年間はテキストや教材はいくつか作ったが著書は一冊もない。このわけは別のところで書いたから省略する。いずれにしても怠け者の割には少しはまじめに研究してきたと自負してもバチは当たらないという思いがある。

実は十年ほど前に『戦時下教育論叢書』という企画を立ててある出版社に話を持ちかけたことがある。社長は乗り気だったが法律の専門家に聞いたところ著作権の問題があり、無理ということになって没になったが、そのときの構想・構成は今でも有益で面白いものだと思っている。この企画については大学の紀要に書いておいた。

人のことより我のこと、自分の著作集をどう組み立てるか、これは結構楽しい作業である。研究者になってからもあまり計画性のない生活を送ってきたが、振り返ってみれば三十年の生活は大体十年区切りで流れている。第一期は教育学と歴史に関する領域、第二期は文化と学問の領域、第三期は芸術という流れである。ただ、芸術はまだ入り口でこれからの課題である。従って教育・歴史・文化・学問を中心として構成することになる。

そうなると先ず「教育」から始まる。これは執筆順に並べるのが順当だ、などと考えていくとなかなか楽しい時間になるが、所詮は画餅に過ぎない。砂上の楼閣を楽しんでいても単なる時間の無駄というものだ。

（「酪酊随筆」二〇〇七年三月）

6　映画音楽

私は映画についてはほとんど興味が湧かず、わざわざ足を映画館にはこぶということはめったにない。見たいものがあるときにはＴＶかビデオ、最近ではＤＶＤで済ませる。

ただ、音楽好きということもあって映画音楽には関心がある。私が知る限りでは洋画でいうと「風と共に去りぬ」、「ジャイアンツ」「大いなる西部」、最近では「ダンスウイズウルブズ」が歴史に残る名曲だろうと思う。

邦画では映画音楽は刺身のツマ扱いが多く、これまでに印象に残る音楽はほとんどない。しかし、黒澤明の作品では実に巧みに、しかも優れた音楽が使われているような気がする。私がこのことに気がついたのは「天国と地獄」という作品を観たときのことである。金持ちの子を誘拐した貧乏医学生の薄汚いアパートを川渕からカメラが横に移動しながら映し出す場面でモーツアルトの交響曲が流れた。それが画面にぴったりで、驚いた。それ以来、黒澤の作品を演出もさることながら音楽にも注意して耳を済ませるようになった。

なかでも「七人の侍」の野武士のテーマは傑作といっていい。これは亡くなるまで黒澤作品の音楽を担当した早坂文雄が作曲した。いつまで待っても作品が完成しないのでしびれを切らした黒澤が早坂の自宅に行くとピアノの上に書き散らし破り散らしたメロディーの紙が散乱していた。早坂がピアノでそれらを演奏してみせたが黒澤は納得しない。もう聴かせる曲がない。黒澤がゴミ箱にあった紙を見つけると早坂は「それは一番気に入らないから捨てたんだ」という。「いいから弾いてくれ」この曲が野武士や農民たちを勇気付ける名曲となったのだから、何が幸運するかわからない。

＊

黒澤の作品で私が最も好きなのは「赤ひげ」である。原作山本周五郎のこの小説は黒澤も含めた五人の脚本家によって完璧な作品になり、また映像もそれまでの映画を覆す手法が幾つも取り入れられ見事な作品になっている。この作品あたりから音楽は早坂の弟子の佐藤勝に代わっている。佐藤は「若者たち」の作曲で一躍有名になった。

「赤ひげ」のテーマ音楽はベートーベンの第九を髣髴させるメロディを基調にしているが、興味深かったのは映写終了の「終」という文字が消えた後も3分くらい、このテーマ音楽が鳴り続けることである。ほとんどの映画はこの「終」の文字が出ると劇場の明りがともり、観客は席を立って思い思いの感慨を胸に帰路につく。ところがこの映画はエンドマークが消えても音楽が続く。その意図を黒澤は語っていない。忖度するに、この映画は観客を感動の涙に誘う。私も一人でビデオを見て何度も感動して涙した。ほとんどの観客はハンカチをあてていたろう。少し落ち着くまで音楽を続けよう、という深謀遠慮ではなかったか。黒澤という人物は俳優やスタッフを怒鳴り散らすというイメージがあるが、そのようなセンスではこういう名画は作れない。細やかな気配りも必要なのである。

余談だが佐藤は一九七二年、札幌オリンピックのドキュメンタリー映画の音楽を引き受けている。私は人生の中で最速、最強、最高を求める姿勢や思考が大嫌いだからオリンピックも嫌いだ。しかし、あるときラジオの音楽番組で初めてこのメロディを聞いて感心した。それでこの曲をなんとか手に入れたいと思ったが、そのときはレコードにもCDにも商品化されていなかった。それからしばらくして「黒澤明映画音楽」というCDを見つけて聴いてみた。サウンドトラックからの録音のせいか音がくぐもっているような感じでがっかりした。ところがそれから数年して「題名のない音楽会」という

TV番組で「佐藤勝特集」があることを知り録画した。期待通りオリンピックの曲も演奏された。ゲスト出演していた佐藤が語った「これは故郷の北海道をイメージしたもの」という言葉も新鮮だった。演奏は東京フイルハーモニー、指揮は秋山和慶という地味だがセンスある指揮者である。その演奏は実に見事にこのメロディの特徴を引き出していて、初めて聴いたような感動を覚えた。

そしてつい最近、佐藤勝の作品をCD2枚に纏めて商品化されたことを知って購入した。音質ははるかにいいのだが、最新録音だし、佐藤自身の指揮だから、大いに期待したのだが、それは幻想だった。「オリンピック」に至っては魂の抜けたブラスバンドに成り下がっていた。

「赤ひげ」や「七人の侍」などは澄んだ音だが力強さがまったくなく、秋山和慶の表現力に改めて感心した。作曲者より他の表現者のほうがより正しく美しく表現できるという見本である。

佐藤は亡くなる直前に黒澤が書き上げたという「雨上がる」の製作に参加、2000年に完成後、急逝した。余談だが、この「雨上がる」は黒澤明が脚本を書いたとされるが、どうも信じがたい。というのは物語が単調すぎるし、深みがない。黒澤作品とはどうしても考えにくい。宣伝フイルムに黒沢が書いたという原稿が映し出されていたが、この程度の脚本なら誰でも書けるように思う。

＊

佐藤のあとを引き継いだのが池辺晋一郎である。かれは黒澤の晩年の作品「夢」と「まあだだよ」の音楽を担当した。「夢」の中の〝桃畑〟で桃が一面に咲き誇っている場面、お雛様たちが踊る場面や〝水車のある村〟での葬儀の行進場面の音楽は池辺の作曲だろう。美しく躍動感あふれるメロディだ。

池辺の非凡な才能を垣間見ることができる。エンディングの穂高の水車と清流が流れる場面で使われる音楽も非常に美しく、感心した。ところが、この部分は池辺ではなくソビエトのイワーノフの「コーカサスの風景」から採ったものであることに気づいた。「まあだだよ」でも重要な場面ではこのイワーノフを使っている。池辺がオリジナルを作れないはずはないと思うのだが、黒澤の指示だったのか、池辺がイワーノフ好みだったのか、真相はわからない。

池辺は自作の作曲も行い録音もしている。（ただ、私は彼の作品を持っていない）ＴＶ番組などで活躍中だが、つまらないマスコミやコマーシャルなどに都合よく利用されて、あたら貴重な才能を消耗させないで名作を残して欲しいと願っている。

（「酩酊随筆」二〇〇三年十月）

7 ケッヘル488番

日本画家の東山魁夷がなくなった。享年九十歳というから天寿をまっとうしたことになる。以前にも書いたことがあるが画家には長生きする人が多い。横山大観も九十歳、安田靫彦九十二歳、鏑木清方九十四歳などである。もちろん反対に夭折もあるが、おしなべて画家は長生きである。その原因の一つはストレスがないことだろう。もちろんこれは一応社会的地位を獲得した場合のことだが、作品への不満はあって好きなしかも描きたい画を好きな時に描けばよい。自分の道をひたすら歩むことが出来るし、その上に社会的評価を受けているから生き甲斐に不足はない。現代社会にあってストレスは万病のもとだから、これがないと人間はずいぶんと長生きできることが分かる。

朝日新聞のコラムは東山画伯がモーツァルトのファンでキャンバスに向かう前後は必ずモーツァルトを聞いていたと書いている。とりわけケッヘル488番の二楽章が好きで、彼の画にときおり登場する「白馬」はこの音楽が主題になっている、とある。

その時はああそうか、あのメロディーか、と思ったが、どうも少しイメージが違うような気がしたので、このケッヘル488番の二楽章を聴き直してみた。するとやはりわたしの誤解で、わたしが思い浮かべた曲はケッヘル466番の方だった。モーツァルトのピアノ・コンチェルトの中でわたしはここが一番好きなものだから勝手に決めつけてしまったのだろう。ちなみにケッヘル488の曲は23番、ケッヘル466は20番のコンチェルトである。モーツァルトのピアノ・コンチェルトは全部で27曲あり、ある一節を聴いて正確な番号を言うことは非常に難しい。しかし、音楽の鑑賞で重要なことは知識ではなくて美的な感性である。

＊

L・ケッヘルというオーストリアの植物学や鉱物学の研究者がモーツァルトの作品が放置されているのを悲しんで自らその研究を行ない、かつそれを整理した。それが後にモーツァルトの作品番号を表わす、いわゆるケッヘル番号となり今日にいたるまで使用されている。これはハイドンとかベートーベンなどという錚々たる作曲家たちはもちろんのこと他の作曲家たちにもない珍しい現象である。モーツァルトがいかに熱心な理解者を持っていたかという証明でもある。

モーツァルトほどの作品だから、これを整理分類してくれるということは大変にありがたいことだ。いや、偉大な芸術家や学者のみならず、誰であっても日常的に自分の仕事を整理しておくというのは普通のことというべきかも知れない。

年度末になるとわたしの周囲の定年を迎えた教授たちの業績一覧が弟子たちによって編まれて配布の恩恵にあずかる。毎年のことだが、それを見ると実に丹念に保管され記録されていることに驚く。論文（単独著作を残しているのは意外なほど少ない）はもとより、小さな新聞雑誌の記事、そして講演の題目、会場、日時など精細を極めたものでほとほと感心する。

わたしは定年に関わる一切の行事はしないと既に周囲に宣言しているが、それだから資料の整理保管にだらしがないというのではなく、面倒くさいだけなのである。格好良く言えば過ぎたことはもういいではないか、という考えなのである。ひらたく言えばそんなことといちいち記録していられるか、という怠惰な態度とでもいおうか。著作ですら人に譲り過ぎて絶版になってしまい、手元に一部もなくなり、古本屋でかろうじて入手したりしたこともあるほどのルーズさなのだから、これはもう生来の体質そのものなのだろう。

体質というものは簡単には直らないし、意識としてもこの態度を代えようとはまったく考えていないから、万が一、奇特な日本のケッヘルが現れたなら立ち往生すること間違いない。

（「酩酊随筆」一九九九年六月）

8 函館の街

わたしの担当している講義科目に「社会教育計画論」がある。最初は文字通りの内容で話していたが、最近は学生に自分で社会教育の計画を立ててみよ、と彼らにプランを立てさせている。最近の学生は「……して欲しい」とか「……を教えてもらいたい」ということを平気でいう。自分で自ら学ぼうという姿勢がえらく不足しているから、わたしの講義では積極的に学生自身が課題に取り組ませるようにしたいと考え直したのである。それで結構面白いプランが出てくる。その内容はそのうちに紹介したい。

社会教育の基本的役割は住民が住んでいて魅力を感じられるマチづくりの一角を担うことである。そういうように自らの仕事をとらえている社会教育職員はまずいないが。

ところで、わたしの考える住みたいマチの条件は

1 自然環境、特に海と山があること。これは景観を重視するわたしの最重要条件だ。それにこういう地は山海の珍味に預かれる。また雪国であることという点も含めたい。

2 地方都市であること。近隣付き合いが苦手だからそれをしないで暮らせるマチがいい。

3 歴史と情緒を残しているマチ。文化的条件がある程度整っていること。

とすると海もあり山もあり料理もうまいという条件を備えた函館ということになる。これに近いマ

チとして小樽があるがここは何か騒々しくて住む気にならない。札幌もいいが海がない。函館は散歩する格好の場所に事欠かない。温泉もあるし、函館山にも登れるし五陵郭の花見もしてみたい。天気のいい日の立待岬もいい、啄木が愛した大森海岸もある。それに車を使うと松前、江差、大沼公園に一時間以内で行ける。どの道も平坦でドライブには申し分がない。江差では雨にたたられてどこにも出かけなかったし、有名な鴎島もそそくさと一部を回っただけだったから、またぜひ行きたい。恵山は車で三十分、硫黄の煙の立ち上る火山の跡を眺めることが出来る。そしてなにより人出がほとんどない。またこれらの土地では物価も安くて魚がうまい。松前のウニを食した時は思わず声を上げたほどだった。

最近は一年に一回は足を運んでいる。ただ、まだ冬に一度も行っていない。出来ればそのうちに雪の函館で過ごしてみたい。雪掻きは年寄りにはきつい作業だが、幸い旅人にはこの苦行から解放される。近いうち実現させたい。

（「酩酊随筆」二〇〇一年七月）

9 五重塔

最近出来た京都駅の最大高さは六十メートルだという。すぐ目の前にある京都タワーは百三十メートル。一時は京都では美観保持のために建築物の高さ制限を行ない三十一メートル以上のものは建てられないことになっていた。その制限が取り払われたのは、なんとも残念だ。観光で生きていこうとする街の自殺行為である。このままでは京都の歴史文化の保存は危うくなっていくかも知れない。つい先頃まで三条と四条大橋の間にフランス製の橋を作るということで物議をかもしたばかりである。

それでなくとも近現代以降、歴史に遺るような文化遺産が生まれなくなっている。せいぜいのところ先人たちがつくってくれた歴史的文化遺産を守るのがようやくのところというのにである。例えば五重塔などもその一つだ。

京都で一番古く、しかも高い五重塔は醍醐のそれで五十一メートルだという。そして日本一のそれは東寺の五十五メートルだ。わたしの好きな八坂の塔は四十メートルである。ところが驚いたことに以前には五重塔以外にこれよりもっと高い塔が存在したというのである。少し調べてみると岡崎公園付近には平安時代に八角九重塔があり、八十二メートルあった。さらに京都御所近くの相国寺には室町時代になんと百九メートルもの七重塔が聳えていたというのだから驚きである。この景観を想像するだけで楽しくなる。

起重機も電動機械もない時代にこれだけ建築を作った先人の力は現在のそれをはるかに凌いでいること疑いない。

残念ながら地震や戦火、落雷などで焼失してしまってもう見ることはかなわないが、二、三十年もたつとボロボロになる鉄筋文化と比べるならば、以前の文化水準の方がいかに高かったことか。

（「酩酊随筆」二〇〇三年一一月）

10 ミニコミ

私のミニコミ歴は結構、長い。結婚して家庭を持ってから妻と二人で身内、親戚向けに謄写版刷りB4両面の「ながはま」を月刊で出したのが始まりだ。最初は二十数部だったが、口コミで広がりすぐ百部になり未知の読者も増えて最高で二百五十部になった。私が原稿を書き、妻が鉄筆でそれを蝋紙に印字、それを謄写版で印刷する。毎月出すのも大変だが、定職のない時代の郵送料つまり切手代は厳しかった。

謄写版でのミニコミは十数年間、一二四号まで発行し、仕事も忙しくなったので廃刊とした。その後、しばらくしてワープロが普及しだした。私は新しい物好きで、表示が一行五文字という時代のワープロを使い始め、パソコンに移行するまで十年以上ワープロの世話になった。この間、ミニコミをワープロ版で復刊したが二十号前後で中止した。知人や友人への配布は止めたが、いまでも晩酌の後で気が向けば「酩酊随筆」は書き続けている。ただ、眼疾が進行しているため、筆力は確実に落ちている。

ミニコミの先駆者は信濃毎日新聞の主筆を勤めた桐生悠々だ。彼は戦時下「関東大演習を嗤う」という軍部批判を書いて新聞社を辞めさせられ郷里の名古屋に戻って「他山の石」というミニコミを出し続けた。当局の発禁処分を何度も食らったが怯むことなく反軍の主張を続けた。

蟋蟀《こおろぎ》は嵐の夜にも鳴きやまず

という句に見られるようにファシズムと戦い続けて太平洋戦争勃発の十二月に癌で亡くなった。遺書がわりに書いた「畜生道に堕ちたこの世に決別するのは惜しくもないが軍部の粛正を見ることなく死ぬことが残念」という「告別」のハガキまで発禁になるという凄まじい記者魂を発揮した一生だった。また弁護士の正木ひろしもファシズム批判を巧みな比喩、隠語を駆使したミニコミ「近きより」(一九三七年発刊)を激しい空襲下に発行し続けた。戦後、最も早く最も鋭く天皇の戦争責任を論じたのは正木だと思う。彼は戦前から官憲の横暴を正面から批判し続け数多くの冤罪事件を手がけた。「日本で最低の職業は裁判官」だといい「低脳集団」と評して憚らなかった。

この「近きより」が出版されたときなぜか私も出席の栄誉をうけることが出来た。映画監督の大島渚氏も見えていて意気軒昂な挨拶が印象的だった。正木ひろしとは直接会話は出来なかったが隣の席が歴史学者の家永三郎先生でいろいろ教えを頂いた。家永氏は正木の「近きより」を戦後、公にし、一躍その存在を世に広めたことでも知られた存在である。

まだ、若造のわたしはおそるおそる「先生の活動の源はどこにあるのでしょうか」と聞いた。なにしろ二〇〇冊近い著作をあの細い身体でものし、当時は文部省と教科書検定で法廷闘争を続けていた大学者だ。すると氏はややあって「そうですねぇ、自由への闘いでしょうか。私の世代は戦争で痛めつけられましたから、自由にはとても敏感なんです。」と応えてくれた。後に高裁で教科書検定は合憲という判決が下されたとき、家永氏は記者会見の席上で次の歌を即席で披露した。

勝ち負けはさもあらばあれ魂の自由を求めて我は闘う

氏の自由への熱い思いを改めて思い知らされた一句だった。現代は自由真っ盛りだが、一番逃げ足の速いのもこの自由だ。油断をしたり無責任なことばかりしていると国民からそそくさと逃げ出すのがこの自由だ。そして暗黒国家がやってくる。さればこそ憲法で「自由及び権利は国民の不断の努力によって保持されなければならない」（第一二条）とわざわざ規定しているのである。現行憲法には不満がいっぱいあるがこの規定だけは真理をついていて敬服している。

ミニコミはいまやホームページやブログに取って代わられた観がある。携帯やパソコンで手軽、気楽に自分の意見を表現できる。一億総ジャーナリストである。悪い事ではないとおもうが、自分の意見に責任を持たない言いたい放題という流れは喜ばしい現象とは言えない。言論とはなにかその自由とは何かを一度真剣に考え直す必要があるのではないかと思う。

（「酩酊随筆」二〇〇六年九月）

11 高島野十郎

この名前を知っている人間はそう多くはない。そして孤高の画家だったことを画壇ですら話題にすることはない。九州の裕福な家に生まれ東大農学部を首席で卒業、助手になるが権威をひけらかす教授ら周囲に嫌気がさし辞表を出し浪々の旅に出る。彼は洋画を中学時代に手がけてはいたが、画家になろうと本格的に始めたのが二〇代で画家としては遅い歩みだった。

しかし、彼は師匠を持たず、また画壇とも無縁だった。「画壇からもっとも遠い画家でありたい」といい、世俗とはきっぱり縁を切り一度も結婚せず肉食を嫌い高僧の如き生活を続けながら自分だけのために作品を描いた。一九七六年九月一七日、千葉県野田市の老人ホームでたった一人看取る人間もなく八五歳の生涯を閉じた。

私が高島野十郎の存在を知ったのは十数年前、京都市立美術館にふらりと立ち寄った際にたしか「現代日本画特別展」というような企画展だったと思うが、何百点の作品のなかに「睡蓮」と題された画が目にとまった。モネの「睡蓮」は有名だが、日本の画家が描くのは勇気がいるだろう、と思いながらその画に近づくとモネとは対照的に暗い。初めは、なんだこれはしょうもない画だな、というのが第一印象だった。全体が暗いので折角の睡蓮の池が濁って見えてしまう。気の短い私は特に絵画の鑑賞は瞬間で見てしまう。その印象で評価してしまうのである。それが間違った鑑賞態度だとは考えていない。むしろじっくりと凝視して鑑賞すると言う方が私には理解できない。

そういう鑑賞の仕方から言えばこの「睡蓮」はすぐそこから立ち去って忘れ去られるはずだった。ところが足が動かない。意識は次に移動しようとしているのに目がこの「睡蓮」から離れようとしないのだ。こんな経験は初めてで、一瞬脳がおかしくなったのかと思ったほどである。そしてこの画家が高島野十郎ということをこの時に初めて知った。

わけも分からず惹きつけられたこの画家のことを東京に戻ってから調べてみて、無名の孤高の境涯を送ったということを知り、余計に彼に関心を持つようになった。ところが高島野十郎についての資料はほとんどない。彼自身、寡黙で語らなかったし、文章も残していない。友人を持つこともなく、画壇との交流も皆無だったから、消息は杳としてつかめないのだ。

幸いなことに福岡県立美術館の西本匡伸という奇特な学芸員が高島の作品を高く評価し、こつこつと作品を集め、散逸を防ぎ、ことある毎に高島の作品展を開いて少しずつ高島の名が知られるようになった。西本学芸員がいなければ高島はそのまま埋もれてしまったかも知れない。日本民族は優秀だ。おそらくその才能を発見されず、埋もれた人材は予想しているよりはるかに多いことであろう。この意味で西本学芸員の功績は大きいと言わなければならない。文化や芸術ではこのような貢献の仕方があるのだという好例といえよう。

七〇歳になった高島野十郎は千葉の柏市の郊外にアトリエを求める。アトリエといっても農家の藁葺き廃屋、八畳の寝所と二〇畳ほどの土間、四方の土壁は剥がれ落ちている。土間には描きかけの画とこれまでに描いた作品が無造作に立てかけられている。冬の寒い日、高島の寂寥はいかばりだったろうか。このアトリエで野十郎はたった一人訪れる人もない日々をキャンパスに向かっていた。時に土間に芽を出すもやしで飢えを凌いでいたともいう。

そのアトリエに二人の訪問客があった。野十郎の姉とその娘である。この時、野十郎は八四歳、姉は九〇歳を超えていた。姉は野十郎に最後の面会にはるばる九州からやってきたのだった。やせ衰えた野十郎と姉の場面が写真に残っている。二人はそこで何を語らったのであろうか。別れを告げる姉に野十郎は描き終えたばかりの一枚の画を渡した。その画が京都で見た「睡蓮」だったのである。

姉と別れたあと、野十郎は急激に衰弱し、歩行もままならなくなり、見かねた市の職員が老人ホームに入れるためにアトリエの野十郎を連れ出そうとすると、小屋の柱にしがみついて離れようとしなかった。職員は泣きながら拒絶する野十郎の指を柱から一本一本外して、漸く連れ出したという。ここを出て行けば今生の別れとなり再び戻ってこれないことを知っての最後の抵抗だった。入院して三ヶ月後、自分に厳しく、画壇に厳しかった孤高の画家高島野十郎は黄泉の世界に旅立って逝った。

それからというもの、私にとって「睡蓮」はモネではなく高島野十郎なのである。

（「酩酊随筆」一九九九年一月）

【高島野十郎関連文献】
1 西本匡伸監修『高島野十郎展』朝日新聞社　一九九八年
2 菊畑茂久馬『絶筆—いのちの炎』葦書房　一九八九年
3 多田茂治『野十郎の炎』葦書房　二〇〇一年
4 西本匡伸編『没後三十年　高島野十郎』朝日新聞社　二〇〇五年

新編あとがき

実はこの原稿は私が定年で大学を辞めた時に書いたもので、当初はそのまま出版しようと思っていたが原稿を渡した出版社が都合が悪いと断ってきた。そしてそのまま机の引き出しに入れてしまってそのままになっていた。ちょうどこの時は石川啄木の研究にとりかかっていて、この原稿にあまり執心がなくなっていた。それ以来、この原稿はすっかり日陰におかれたままになっていた。

そしてやがて十年が経ち、そろそろ〝終活〟に備えて書類の整理を始めて、あらためてこの原稿と再会した。実は私にはこれまで書きためた原稿がいくつかそのままになっており、できればなんとかしたいとおもいつつ、そのままになっている。なにしろこの原稿は十年も前のものだから、いろいろと不整合があるかも知れないが基本的には本文には手を加えないことにした。

年寄りの冗長になってはいけないので以下、簡潔に「あとがき」を残すことにしよう。

※

ウイキペディアの小生に関する記述について。どなたが書いてくれたのか知らないがかなり適切で感謝している。とりわけ経歴で「恵迪寮ＯＢ」としてくれたことは、うれしかった。私は経歴で北大教育学部出身とされているが教育学部ではほとんど学ばなかったし、また学部の中枢は当時は教官も院生の大半は「特定党派」に支配されて学問の自由どころではなかった。むしろ私は「恵迪寮」とあの広大な自然に囲まれたキャンパスで育てられたと思っている。だから正確に言えば私は北大の恵迪寮出身者の一人だ。

※

その恵迪寮の話を少ししておきたい。私の入試時の倍率は六倍だったが、恵迪寮の入寮倍率はその倍だった。なにしろ日本一貧乏な学生が集まると言われる寮だったから、入試より緊張した。十畳ほどの部屋に木製のベッドがあり、五人が同居する。入室して自分のベッドに横たわって天井を診て目に飛び込んできたのが半畳ほどのベニヤに墨痕鮮やかに書き付けられた文字だった。

函館の青柳町こそかなしけれ友の恋歌矢車の花（啄木）

私のベッドからはこの歌が寝転がるたびに目に入ってくる。私は中学時代は俳句に興味を持ち登校するときは芭蕉や一茶の句を口ずさんでいた。そのせいだろうか中学時代に作った「大火から早や一年の今日も凪」という句が雑誌の歌壇に入選したことがある。少し横道にそれるが中学一年のとき函館で大きな遭難事故を引き起こした「洞爺丸台風」が北上して私の町を襲い町の八割（三千戸近く）を焼き尽くす大火に遭遇した。私の家もほとんど何も持ち出すこともできず丸裸になった。（ついでながらこの一年後避難のために引っ越したバラックがまた焼けて茫然自失の経験を味わった）

閑話休題―啄木とはこの時が初対面になった。しかし、この時はよもや本格的に啄木と向き合うことになるとは思ってもみなかった。しかし、明らかに啄木との絆はこの時に築かれていたように思えてならない。

※

恵迪寮は木造二階建て四棟からなり全六十室、一部屋十畳、殆どを自分達の手で運営する自治寮である。一ヶ月の経費は食費三食を含めて四千五百円。奨学金が月二千円（大学の授業料が年間五千円）家からの仕送りは無理だから最低二千五百円をバイトで稼がなくてはならない。当時のバイトは肉体労働一日六百円、事務系が三百円。バイトの紹介は毎晩七時に寮の事務室で公募制で決められる。寮生のほとんどは日本一貧乏だったから毎晩事務室には三十人から五十人が集まってくる。選抜は抽選である。肉体労働は建設現場が中心で事務系は店員が中心だ。好き嫌いで選べる立場でなかったから、なんでもやった。一番やりたかったのは風呂屋の番台だったが、これはさすがに一度もなかった。とりわけ札幌の雪まつりは、おいしいバイトだった。放送局の場合、前後一週間ほど雑用があって、二、三ヶ月は生活の心配はなかった。ある時は全国中継の歌番組のマイク補助をさせられた。生中継で歌手のマイクが故障した際に補助マイクを渡す仕事だったが、当時は有名な歌手がそろっていたが私には誰が誰だかさっぱりわからず、あとで「サインでももらっておけば高く売れたのに」と言われたものだ。夜は会場警備の仕事にもありつけたから、都合数ヶ月の稼ぎになった。

※

恵迪寮と言えば日本一の貧乏学生と言われるがほぼ正鵠を得ている。しかし、もう一つ定評があるのが汚くて不潔という評判である。確かに間違った評判ではないが、これは少し弁明が必要かもしれない。現在はどうか知らないが私の頃は厳格な規律があった。一つには朝食の際、いわゆる「正装」でなければならない、という〝憲法〟があった。といっても夏場は白ワイシャツと黒ズボン、冬場は学生服でなければ食堂へは入れない、というものだった。そして食卓へは四人ずつ、最初に着席した人間がお櫃からご飯を四人に分け、味噌汁もその人間が分けてから「いただきます」と唱和して食につく。ただ、味噌汁の具はジャガイモ、豆腐、ネギ、ワカメと日替わりだが、先頭者が最初にその乏しい具を独り占めするのが流儀だった。あとは着色されたタクアンだけである。

※

やがて大学院に進学して社会教育学を専攻したが、指導教官は温厚な無党派の教授で、当時の大学民主化闘争を主導した「特定党派」に糾弾されて辞職し、私は〝親なし子〟になり籍は大学院においたまま妻子をつれて上京。浪人の悲哀を数年味わった。東海大、専修大、駒澤大、看護学校などの非常勤講師で食いつないだ。ところが非常勤講師の報酬は当時一講義あたりがおおよそ五百円だった。私の場合、一つの大学で一講義しか持たないから、とても生活出来ない。おまけに交通費もでないから神奈川の大根にあった東海大などは朝の混んだ小田急線にもまれ、帰宅は午後三時という状態でむしろ出講の度に赤字になった。そして、この間、教官応募に書いた履歴書は弘前大、香川大、大阪教育大、千葉大、日本大学など、いずれも推薦人のない応募だから相手にされなかった。ただ、香川大学の場合は教育学部長からじきじきに「田舎ぐらしはきついかもしれないが是非ここで活躍して欲しい」という手紙をいただいた。最終的には、またどこぞのセクトの横やりでダメになったがいまでも感謝している。千葉大の場合も担当教授から「千葉は山がないので自然に恵まれた北海道で育った、貴君には寂しいでしょうが、一緒に汗をかきましょう」という手紙が最後で、これまたひっくり返された。どちらも実を結ばなかったが、個人的には心優しい人々がいると考えて、むしろ慰められたものである。

※

縁もコネもなかったが幸運にも東京学芸大学専任講師に採用され以後定年になるまで勤務。ただ、残念だったのは博物館学の先生らと計らって「教育博物館」を作ろうと話し合って、具体的プランを作成してその実現を図ったが実現にいたらなかった。どうやら〝大物〟の教授がにぎり潰したということだった。この計画に参加していた課長は、せめてこの提案のあったことを文書に残しておこうと残念がってくれた。実現していればユニークな教育博物館になっていただろう。

※

私は講義の出欠を一度も取らなかった。それは大学というところは「学問」の場と考えていたからである。自ら「問うて学ぶ」のが学問だからである。出欠を取るから悪いというのではなく、学生が主体的に問題に気付いて、それに取り組んでいくのが学問の基本だと考えてのことである。しかし、時間が経つにつれて出欠が単位取得の目的になってしまった。しかし、そのうち、私の講義は出席しなくとも単位が取れるという評判になり、事務からも注意を受けるようになってしまった。それでも定年の最後の授業まで信念をまげなかった。

ところでどうでもいい話を。一つは三十年近い教師生活でただの一度も他大学の「集中講義」に招かれなかった。これは特に地方の大学で専門分野の単位を学生に取らせる制度で夏期や冬期の期間中10日ほどの講義をする。謝金はともかくそれぞれの地方に出張して地方の旅情を味わえる。飲んべえや美食の食通にたまらない〝特権〟である。この恩恵にあずからなかったのは残念だった。ついでに国立大学の場合、定年後は私立大学に移って〝老後〟を楽しんだり、幾ばくかの俸給をもらってのんびり暮らすのが定番だ。私の場合はただの一件もお声がかからなかった。いかに私の研究能力のみならず人徳のなさが如実に示されている証拠である。

※

実は定年になった翌年、妻がガンで入院、手術を受けた。幸い一命をとりとめ今日まで無事に暮らしている。一時は途方に暮れ、とりかかっていた啄木の研究もあきらめた。もしこの時、症状が変わっていれば定年後に書いた啄木と土岐善麿などの著書を残すことはなかったに違いない。

本書は日の目を見ることなく終えるはずだったが、原稿の整理をしていた妻が「この原稿は本にして残したら」と言い出した。しかも十年前の原稿である。これまで出版といういい顔をしなかった妻の突然の言葉に驚いた。腰の軽い私はすぐこのありがたい話に乗ったこと、言うまでもない。この原稿の最初につけたタイトルは「なまくら教授の最終講義—教育の原点を問い続けて」であった。このままでよかったのかもしれないが、それを変えた理由はただひとつ、私を育ててくれたのは北大と恵迪寮だ。その「原点」こそ本書にふさわしいと思い立ったからに他ならない。「大志」を抱かなかったなら、私の歩みは「細道」にすらならなかったに違いないからである。

二〇一九年七月一日

長浜　功

著作一覧

【著書】

1『教育の戦争責任—教育学者の思想と行動』1979年　大原新生社
2『社会教育の思想と方法』1980年　大原新生社
3『日本ファシズム教師論—教師たちの8月15日』1981年　大原新生社
4『常民教育論—柳田國男の教育観』1982年　新泉社
5『交流現象論—危機時代の人と環境』1984年　新泉社
6『国民学校の研究—皇民化教育の実証的解明』1985年　明石書店
7『昭和教育史の空白』1986年　日本図書センター
8『国民精神総動員の思想と構造—戦時下民衆教化の研究』1987年　明石書店
9『教育芸術論—教育再生の模索』1989年　明石書店
10『彷徨のまなざし—宮本常一の旅と学問』1995年　明石書店
11『日本民衆の文化と実像—宮本常一の世界』1996年　明石書店
12『真説　北大路魯山人—歪められた巨像』1998年　新泉社
13『北大路魯山人—人と芸術』2000年　双葉社
14『北大路魯山人という生き方』2008年　洋泉社
15『石川啄木という生き方—26歳と2ヶ月の生涯』2009年　社会評論社
16『啄木を支えた北の大地—北海道の365日』2012年　社会評論社
17『「啄木日記」公刊過程の真相—知られざる裏面の検証』2013年　社会評論社
18『啄木の遺志を継いだ土岐哀果—幻の文芸誌『樹木と果実』から初の「啄木全集」まで』2017年　社会評論社
19『孤高の歌人—土岐善麿』2018年　社会評論社

【編集・監修】

1『柳田國男教育論集』1983年　新泉社
2『柳田國男文化論集』1983年　新泉社
3『現代社会教育の課題と展望』1986年　明石書店
4『社会教育と自己形成—「終焉論」を超えて』1987年　明石書店
5『国民精神総動員—民衆教化動員史料集成』全3巻　1988年　明石書店
6『公職追放—復刻資料』全2巻　1988年　明石書店
7『史料　国家と教育—近現代日本教育政策史』1989年　明石書店

【未刊原稿】

1『北大路魯山人を巡る五人の男たち—荒川豊蔵・加藤唐九郎・小山冨士男・秦秀雄・白崎秀雄』2006年
3『石川啄木と野口雨情－北海道時代の葛藤』2008年
4『雨情と啄木—「小樽日報」陰謀事件の再検証』2009年

筆者紹介■長浜　功（ながはま　いさお）

1941年北海道生まれ、北海道大学教育学部、同大学院修士、博士課程を経て上京、法政大学非常勤講師等を歴任後、東京学芸大学常勤講師、以後同助教授、教授、同博士課程連合大学院講座主任、2007年定年退職（濫発される「名誉教授」号は辞退）

「大志」の細道　十年前の最終講義

2019年7月10日　初版第1刷発行

著　者　長浜　功
発行人　松田健二
発行所　株式会社 社会評論社
東京都文京区本郷2-3-10　〒113-0033
tel. 03-3814-3861/fax. 03-3818-2808
http://www.shahyo.com/

装幀・組版デザイン　中野多恵子
印刷・製本　株式会社ミツワ